AF358499

LOS ACTUALES CAMBIOS SOCIALES SEGÚN LA ASTROLOGÍA MUNDIAL

LOURDES MUÑOZ

www.astrologiamundial.guiaburros.es

EDITATUM

Diseño de cubierta: ©Andrea Fernández Rodríguez (EDITATUM)

Maquetación de interior: © EDITATUM

Primera edición: septiembre de 2020

ISBN: 978-84-18429-06-4

Depósito legal: M-24755-2020

IMPRESO EN ESPAÑA/ PRINTED IN SPAIN

Si después de leer este libro, lo ha considerado como útil e interesante, le agradeceríamos que hiciera sobre él una **reseña honesta en Amazon** y nos enviara un e-mail a **opiniones@guiaburros.es** para poder, desde la editorial, enviarle **como regalo otro libro de nuestra colección.**

Agradecimientos

Mi agradecimiento al misterio de la vida y a la niña que fui, que entrando casi en la adolescencia, sentí la necesidad de sumergirme en el mundo de la astrología, pensando primero que era algo tabú, asunto de brujas y de falsos encantadores de sueños y de promesas.

La astrología me ha dado quietud, orden, certidumbre, adaptación, paciencia, comprensión, esperanza, entendimiento, belleza, misterio, impresiones, arte, compromiso y seriedad. Y es estar aquí y ahora, viajando siempre en el tiempo, hacia atrás y hacia adelante, sin perder mi centro, como si fuera un truco de magia a punto de explicar los secretos de la vida.

Y es que así somos los astrólogos de alma, descubridores de secretos, que siempre han estado a nuestra vista, sin verlos, hasta que los vemos, o igual no.

Al final no es eso lo importante, sino el camino que se transita para ello y la satisfacción de sentir día tras día esa sincronía tan mágica que se produce entre el cosmos y nuestra existencia cotidiana. Solo ya eso es un regalo de la vida.

Y todo este caminar, no lo podría haber hecho sin mis padres, la primera comprensión de mi Sol y mi Luna particular, ni sin Lucio, mi reflejo en el otro, dejando espacio para que fuera tan libre como yo quiero ser, y sin mi hijo, una pequeña parte de mí que se independiza poco a poco y que realiza su propio camino, y que cada día que pasa me enseña los secretos que esconden nuestras Lunas, porque para enseñar, no importa la edad.

Sobre la autora

Lourdes Muñoz, nacida en Valladolid y residente en Madrid, es licenciada en ADE y título experto en RSC, empezando a interesarse por la Astrología a la edad de 15 años.

En diciembre de 2013 comenzó su andadura social como astróloga, compaginándola con sus otras actividades profesionales (ha trabajado en el mundo de la banca durante casi 20 años) creando una página web donde asiduamente incluye artículos de actualidad y que son resultado de sus estudios e investigaciones, denominada *www.astro-ideas.com*

Fue ponente en la 33º edición del Congreso Ibérico de Astrología celebrado en junio del 2016 en Vigo, impulsando una iniciativa encaminada a la mejora de la práctica astrológica y a la ética del astrólogo, en lo que se ha denominado "Responsabilidad social del astrólogo", para lo que ha habilitado una plataforma para tal fin, donde ha adaptado sus conocimientos en RSC al colectivo astrológico y en donde todo el que lo desee puede adherirse a la iniciativa *www.astrologiasocial.com*

Fue la organizadora de la 34º edición del Congreso Ibérico de Astrología, celebrado en junio de 2017 en Madrid, en el Centro Cultural Conde Duque. Las ponencias del citado congreso se pueden ver de forma gratuita en la web de su escuela, en *www.madridastrologico.net*

Imparte formación en Astrología y asesoramiento astrológico desde diciembre de 2014.

Índice

"Nada en este mundo es constante excepto
el cambio y el **devenir**, todo es impermanente".

Heráclito de Éfeso

"El **devenir** es una propiedad de las cosas y estas son
reflejo de las ideas. Solo la inmovilidad del ser es real.
Desde el punto de vista del saber, el ser inmóvil es objeto de conocimiento y el ser que deviene es objeto
de opinión".

Platón

"El **devenir** es un hecho que no se puede negar ni
reducir a otros hechos, ni ser considerado substancia
ni tener un solo significado, porque el problema del
devenir incluye la cuestión de las diferentes causas, y
hay tantos tipos de devenir como significados hay de
la palabra *es*".

Aristóteles

PARTE 1
Introducción al concepto de Astrología Mundial

La Astrología Mundial en la tradición se conocía con el nombre de "las revoluciones de los años del mundo", un modo de aplicar la astrología bastante anterior al uso de la astrología judiciaria o natalicia (astrología personal) y de vital importancia para conocer las tendencias colectivas de las culturas, civilizaciones, pueblos, ciudades y naciones, desde un punto de vista social, político, económico y cultural.

Este tipo de astrología es además un "juicio universal" sobre el "juicio particular", teniendo una enorme importancia en el devenir de cada uno de nosotros, porque nuestras propias cartas natales y configuraciones estarán siempre supeditadas a ese juicio universal, a esos ciclos y a esas configuraciones universales (las denominadas CU), dado que nacemos en un entorno cultural, histórico y social concreto, que no podemos eludir.

El libro pretende ser una guía para entender las técnicas más usuales en la rama de la Astrología Mundial, aparte de servir como orientación sobre el devenir del mundo, y por ello abordaremos en el mismo lo siguiente:

- Algunas nociones básicas de astronomía, para el entendimiento de las variables que usan los astrólogos para determinar el devenir del mundo.
- Nociones básicas de la significación universal de las distintas variables que entran en juego.
- Distintas técnicas de interpretación que se usan en Astrología Mundial.

Capítulo I

Un poco de astronomía sencilla

En el espacio hay unos 200 billones de estrellas, que conforman la Vía láctea, nuestra galaxia particular (porque hay millones de galaxias).

Las estrellas son objetos celestes que tienen luz propia, que emanan su propia luz.

Pues bien, la estrella más cercana a nosotros es el Sol, y todos los planetas que, sin luz propia, giran alrededor de él, conforman en su conjunto lo que se llama el Sistema Solar, y entre todos esos planetas que giran alrededor del Sol se encuentra la Tierra, con la Luna, satélite de la misma.

De todos los planetas que giran alrededor del Sol el único que está habitado es la Tierra, que es, dentro de los planetas rocosos (Venus, Mercurio, Marte y Plutón), el más grande de todos y el único en el que hay vida como nosotros la entendemos, gracias a que se encuentra en la ecosfera, un espacio que rodea al Sol y que reúne esas condiciones necesarias para que exista vida.

Fuera de este sistema solar, la siguiente estrella más cercana que nos encontramos es la denominada Alfa Centauro, que está a 4,3 años luz. Imaginad entonces lo pequeños que somos con respecto al Universo.

Movimiento de rotación y traslación de los planetas

Todos los planetas giran alrededor del Sol en un movimiento denominado traslación, y todos los planetas giran alrededor de sí mismos en un movimiento denominado rotación.

Estos conceptos son la base de la Astrología Mundial, dado que para los astrólogos, desde tiempo inmemorial, los sucesos celestes tenían una correspondencia con los sucesos terrestres, otorgándoles unos significados universales a los mismos en función de los sucesos acaecidos aquí en la Tierra. De este modo se establecía lo que podríamos llamar una "sincronía perfecta" entre el devenir de los sucesos vividos por el ser humano y su representación celeste, tal y como se indica en la expresión "lo que es arriba es abajo". Y, queramos o no, la sincronía se produce todos los días.

La única dificultad estriba en el interpretación de la misma, que tiene sus limitaciones y que puede establecer la citada correlación con mayor o menor acierto. Y es que los astrólogos solo somos intérpretes o traductores del firmamento.

Movimiento de traslación de la tierra: el Zodiaco

El movimiento de traslación de la Tierra es por tanto lo que tarda la Tierra en girar alrededor del Sol, siendo de 365 días, 6 horas, 9 minutos y 9,7633 segundos (lo que conocemos por un año). La órbita que se produce es eclíptica, es decir, que hay momentos en que la Tierra se encuentra más cerca del Sol y hay momentos en que está más lejos del Sol. La eclíptica es también el movimiento anual "aparente" del Sol en la esfera celeste (desde una perspectiva geocéntrica, con la Tierra como centro).

Y este movimiento alrededor del Sol es lo que representamos los astrólogos mediante los signos del Zodiaco, es decir, una circunferencia en donde se establecen medidas iguales de 30° cada una, que marcan el paso de las estaciones del año. En sus orígenes, el nombre que se usó para denominar a estos distintos espacios surgió de las observaciones de las constelaciones en el firmamento.

Es necesario aclarar que hablar de signos no es lo mismo que hablar de constelaciones, de la misma forma que entendemos que los siete días de la semana (lunes, martes, miércoles, jueves, viernes, sábado y domingo) no es lo mismo que los planetas (Luna, Marte, Mercurio, Júpiter, Venus, Saturno, Sol), aunque hayan tomado su nombre de los siete planetas clásicos (el septenario).

Y es que los antiguos astrólogos ya eran conocedores de la existencia de miles de constelaciones de estrellas, y lo único que hicieron fue representar de una forma geométrica (se les denominaba matemáticos) ese movimiento aparente del Sol a lo largo de las estaciones del año, dándose cuenta de que se producía un movimiento cíclico, regular, que cuando se repetía en el tiempo traía sucesos similares (pero no iguales) en nuestro devenir cotidiano.

Principales símbolos astrológicos

Esta es una representación de ese movimiento aparente del Sol, donde se puede observar que lo marcado en color indica los comienzos de las estaciones del año, los dos equinoccios y los dos solsticios, y siendo por tanto esos comienzos de las estaciones, análogos a los denominados signos cardinales: Aries, Cáncer, Libra y Capricornio (de ahí que estos signos sean análogos a todo lo que significa inicio, movimiento, impulso, por representar el comienzo de cada estación).

Y esto es lo que solemos ver en los horóscopos de los periódicos. Lo que se nos dice ahí es solamente la relación que se produce entre la Tierra y el Sol, nada más, en función de si la persona nació:

- Al comienzo de una estación, y por tanto con el Sol en un signo cardinal como Aries, Cáncer, Libra o Capricornio, sugiriendo el inicio, el comienzo, el impulso de algo.

- En el medio de una estación, y por tanto con el Sol en un signo fijo como Tauro, Leo, Escorpio o Acuario, sugiriendo la concreción y la inmovilidad respecto a algo.

- Al final de una estación, y por tanto con el Sol en un signo mutable como Géminis, Virgo, Sagitario o Piscis, sugiriendo el proceso de cambio y de adaptación, anunciado que la estación esta próxima a cambiar y por tanto a renovarse de nuevo.

Siendo, como podemos ver, una descripción muy somera y vaga de todo lo que ocurre en el firmamento, dada la cantidad de variables que se van produciendo a la vez, como puede ser la interacción de otros planetas con el movimiento aparente del Sol y su relación con la Tierra, el movimiento de la Luna alrededor de la Tierra, el movimiento de la Tierra sobre sí misma, etc.

Movimiento de rotación de la Tierra: las casas astrológicas

A su vez, la Tierra rota sobre sí misma, dando la vuelta completa en unas 23,93 horas, y es lo que venimos a denominar "el transcurso de un día" en el devenir del mundo.

Así, el momento (la hora) en que una persona nace, dentro de un día concreto y en una localidad concreta (latitud y longitud, coordenadas geográficas) es lo que da como resultado **"las casas astrológicas"**, otras doce subdivisiones superpuestas a los signos del Zodiaco y que dependiendo del sistema de casas utilizado, pueden ser iguales o desiguales, o tenerse en cuenta ya desde el comienzo de un signo o en cualquier otro punto de él.

Donde observamos que debido a la hora y lugar de nacimiento, el signo que asciende por el este (signo que está en la casa I, el ascendente) puede ser cualquiera de los doce signos del Zodiaco, lo que hace que se combine la analogía universal del signo en cuestión con la analogía universal de la casa en cuestión.

Pues bien, con estas dos ideas básicas, ya tenemos dos de los elementos que usa el astrólogo para la comprensión del devenir del mundo:

— Traslación de la Tierra: los signos del Zodiaco

— Rotación de la Tierra: las casas astrológicas.

Pero nos falta algo fundamental: los planetas y el lugar que ocupan en su transitar por el Zodiaco (su presencia en los signos), y la observación de la casa y el signo que rigen cada uno de ellos, aunque no estén presentes allí.

Los ciclos planetarios y los ángulos entre planetas: aspectos planetarios

Nos referimos ahora a **los planetas**, una pieza fundamental en todo juicio astrológico, porque el significado de cada signo del Zodiaco estaría vacío de contenido si no tomáramos su significado de su planeta regente, que teniendo una significación universal por sí mismo, es quien otorga esa naturaleza al signo que rige, tanto en su domicilio diurno como en su domicilio nocturno.

Pero todavía hay más: de primordial importancia es para el astrólogo entender la relación que se produce entre los distintos planetas entre sí en su movimiento diario alrededor del Sol, así como observar los ángulos que se producen entre ellos. Entra ahora un cuarto elemento que es el de los **aspectos planetarios**, que marca también el inicio, auge y declive de los distintos ciclos planetarios que se producen.

Es decir, podemos definir un **ciclo planetario** como el momento en que dos planetas concretos, en su recorrido alrededor del Sol, se encuentran en el mismo punto (cada uno en su órbita) en lo que denominamos conjunción, y cuando, con el transcurrir del tiempo, ambos se van moviendo —cada uno a diferente velocidad— y los volvemos a ver en el cielo en un ángulo distinto entre ellos. Por ejemplo, en su movimiento creciente: el sextil (60º) la cuadratura (90º) el trino (120º) o la oposición (180º), para volver de nuevo a iniciar el camino del reencuentro entre ambos, estableciéndose de nuevo esos mismos ángulos, pero de vuelta esta vez (el trino de vuelta de 120º, la cuadratura de vuelta de 90º, el sextil de vuelta de 60º), para volver a comenzar de nuevo otro ciclo planetario.

Imaginad por tanto todas las variables a considerar, porque de igual modo que se produce un determinado ciclo planetario en el cielo, el resto de planetas están también interviniendo con sus ciclos combinados unos con otros, en algunos casos ciclos de expansión (creciendo), en otros casos con ciclos de restricción (menguando), enriqueciéndose la interpretación del devenir del mundo por parte del astrólogo.

Aquí podéis ver la forma en que representamos los astrólogos esos ángulos planetarios y sus ciclos en un momento dado:

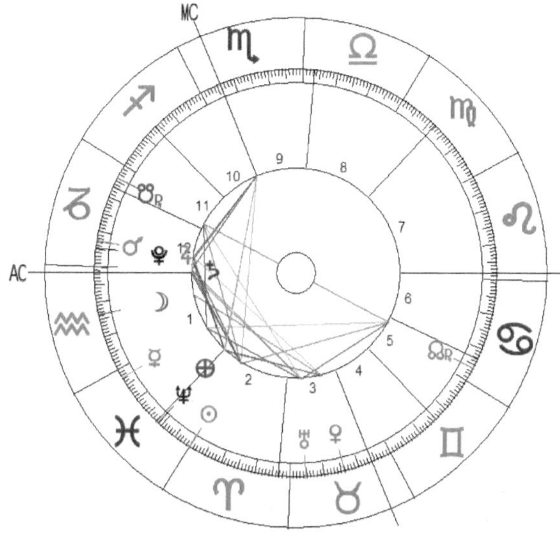

En la imagen se observan los ángulos que se producen entre los planetas, como por ejemplo la Luna, que está menguante respecto al Sol, próxima a encontrarse de nuevo con él y a anunciar una Luna nueva.

Lunaciones, sicigias y eclipses; el catalizador de sucesos

Una mención especial merece el concepto de lunaciones, sicigias y eclipses en Astrología Mundial, aunque apenas lo estudiaremos en este libro, debido a su complejidad.

Y es que el movimiento de la Luna alrededor de la Tierra es de vital importancia para el devenir (es lo que tenemos más cerca), al igual que los momentos donde la órbita de la Luna alrededor de la Tierra y la órbita de la Tierra alrededor del Sol coinciden, dando lugar a las lunaciones y en ocasiones a los eclipses, así como a la representación en el firmamento de los **nodos lunares**, que son aquellos puntos ficticios donde representamos los puntos concretos donde la órbita de la Luna (que está inclinada en unos 5° 9") corta con la eclíptica, como se puede ver en esta imagen:

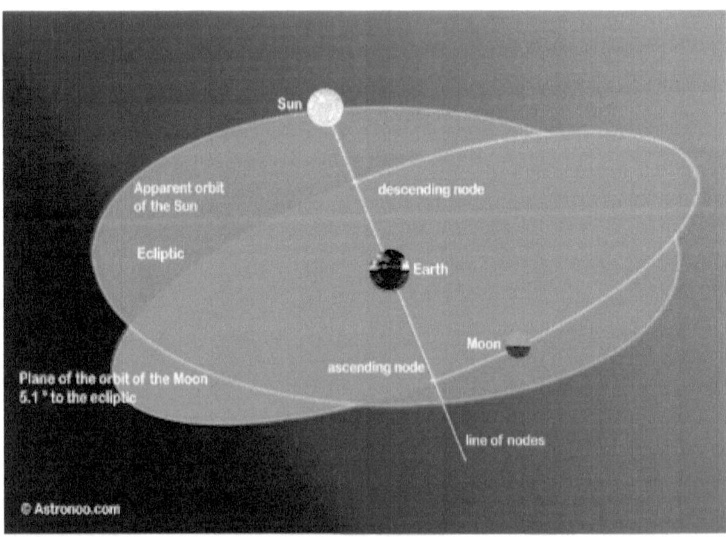

De esta forma, tenemos ya todos los puntos que el astrólogo tiene en cuenta para describir (somos solo intérpretes, con mayor o menor acierto) el devenir del mundo:

- Los signos del Zodiaco.
- Las casas astrológicas.
- Los planetas y sus aspectos planetarios, el concepto del ciclo planetario.
- Las luminarias (nuestra estrella, el Sol, y nuestro satélite, la Luna) y su conexión con la Tierra y el resto de planetas. Los astrólogos, para facilitar la comprensión, vienen a denominar planetas a ambas luminarias.
- Los dos nodos de la Luna, esos momentos en los que la órbita de la Luna corta con la eclíptica:
  » Si es en sentido ascendente, nos encontramos con el nodo ascendente, el **nodo norte**, cuando pasa del hemisferio sur al hemisferio norte, denominado en la antigüedad como "cabeza del dragón".
  » Si es en sentido descendente, nos encontramos con el nodo descendente, el **nodo sur**, cuando pasa del hemisferio norte al hemisferio sur, denominado en la antigüedad como "cola del dragón".

Capítulo II
Guía básica de significados universales

Haremos ahora una introducción sobre lo que significan en **Astrología Mundial** todas estas variables. Se trata de una significación universal que se ha ido consolidando a través de los siglos, producto de la observación celeste y de su sincronía o correlación con sucesos acaecidos en la Tierra en el mismo momento en que se producían determinados sucesos en el firmamento.

De forma que transcribiré aquí una pequeña guía introductoria antes de abordar las distintas técnicas que hay de interpretación del devenir del mundo en Astrología Mundial, sirviendo como bibliografía el libro titulado *Manual Práctico de Astrología* del autor Georges Antares (astrólogo belga, 1900-1988), que es el libro con el que me inicié en el saber astrológico, allá por los años 80, y que siempre menciono en mis artículos, incluyendo nuevas acepciones resultado de mi experiencia.

Pero hago una observación, y es la referida al sistema político y forma de estado que tiene cada país, que hace que algunos escenarios sean modificados respecto a otros. No es lo mismo, por ejemplo, China, donde existe el unipartidismo (un único partido político legal) que otros países donde existe el liberalismo político e incluso la existencia de varias regiones y nacionalidades, como es el caso de España. Esto hace que algunos escenarios se adapten a la casuística del país en concreto que estemos analizando.

Los signos del Zodiaco y su significación en Astrología Mundial

ARIES

Iniciativas y acciones violentas y arbitrarias, la dictadura. Todo lo que comienza, el impulso y la acción, la lucha por la supervivencia.

TAURO

Terrenos, construcciones públicas, agricultura, mundo financiero, bancos y la seguridad.

GÉMINIS

Comercio, medios de comunicación y transporte, publicaciones, mundo intelectual.

CÁNCER

El pueblo, mujeres, masas de gente, lugares y monumentos públicos, mar, ríos, tiempo y sus variaciones, las sociedades, reuniones, cosechas.

LEO

Niños, amores, educación, especulaciones, mundo artístico y teatral, diversiones, espectáculos, elevación, gloria y fama. El liderazgo.

VIRGO

Personal subalterno y clase obrera, servidores o servicios subalternos de la nación, el trabajo industrial y el vinculado a la química, talleres, fábricas, laboratorios, trabajo obligado y proletariado.

LIBRA

Asociaciones y acuerdos, bodas, relaciones extranjeras, tratados con potencias extranjeras, política exterior, divorcios y procesos, rupturas de tratados o de contratos, enemistades abiertas o declaradas, conflictos, hechos y actos de la sociedad, mundanalidades, escándalos. Las sociedades artísticas e intelectuales, la justicia.

ESCORPIO

La mortandad y las herencias, donaciones y legados, reformas radicales, el militarismo, la ciencia de investigación, el mundo médico y quirúrgico, los acuerdos financieros.

SAGITARIO

Colonias y países lejanos, expediciones largas, comercio con el extranjero, navegación intercontinental, descubrimientos importantes, los sabios, la Iglesia y la ley.

CAPRICORNIO

La política interior, el Gobierno, los cargos elevados y de responsabilidad, los ministros de Estado, funcionarios importantes, diplomáticos, montañas, minas, terrenos, las riquezas estables, el deber cívico, la ambición de carrera.

ACUARIO

Los sindicatos, las agrupaciones cívicas, las cooperativas, las sociedades de ayuda mutua, la cámara de representantes, la democracia o la república, las ciencias nuevas, las tendencias sociales hacia la liberación, la cultura humana.

PISCIS

La industria hotelera, el comercio de bebidas, hospitalidad, casas de reposo, asilos y residencias de mayores, sanatorios, dispensarios, clínicas, hospitales, protección de los débiles. Los crímenes, los suicidios, los escándalos, el espionaje, los empleos retirados y oscuros, los estupefacientes y el narcotráfico.

Las casas astrológicas y su significación en Astrología Mundial

PRIMERA CASA

Nación, región y su pueblo. La atmósfera general que hay allí. Disposiciones de los habitantes. La síntesis de la situación del país o del carácter y temperamento de la nación.

SEGUNDA CASA

Finanzas del país. El Tesoro. Los valores de Estado. Las organizaciones financieras. Los bancos subvencionados por el Estado. El presupuesto de las finanzas. Los recursos financieros del país (la garantía). El Banco Nacional.

TERCERA CASA

Nivel intelectual del país. Los medios de transmisión y de comunicación. Correos, teléfonos, telégrafos. Los transportes públicos. La Prensa, los movimientos literarios. Las novedades. El comercio interior.

CUARTA CASA

El casco antiguo de una ciudad, los monumentos públicos, la administración urbana. Los cultivos. Los productos de la agricultura. El clima, las variaciones atmosféricas. Las propiedades territoriales. El partido de oposición al Gobierno.

QUINTA CASA

Las costumbres, el mundo artístico y teatral, los deportes, las diversiones. Las fiestas, la educación. Los hijos, las escuelas, la natalidad. Las especulaciones bursátiles. La moda. En muchos tratados astrológicos aparece ahí representado el Senado, pero en el caso de España, debido a que es un país con distintas nacionalidades y regiones, en mi apreciación en este escenario estarían representadas las Comunidades Autónomas, y el Senado se refleja más en la casa X. También es el escenario de las votaciones.

SEXTA CASA

La salud del pueblo y la evolución de las enfermedades. Las condiciones de higiene. Los servicios sanitarios. Los servicios públicos. El ejército. Las fábricas y talleres, la clase obrera. Los trabajos químicos. La policía. La alimentación del país. Los funcionarios del país.

SÉPTIMA CASA

Las relaciones del país con las otras potencias. Los acuerdos, los tratados, la diplomacia. La política exterior. Los conflictos, la guerra, los arbitrajes. Las bodas y divorcios, los procesos importantes, lo mundano. El país del enemigo, el adversario o el oponente conocido.

OCTAVA CASA

La mortandad, los entierros. Los impuestos. El control bancario. Las transformaciones violentas, las reformas radicales. Los acuerdos financieros, económicos o monetarios con los otros países. La deuda pública.

NOVENA CASA

La expansión comercial, el comercio exterior. Las colonias. Los grandes medios de comunicación. La navegación intercontinental. Las expediciones lejanas. La diplomacia, las representaciones consulares. La legislación del país, la ley, la jurisprudencia y los jueces, el clero, las instituciones científicas, las academias y universidades. La emigración. Los congresos y jurados cinematográficos.

DÉCIMA CASA

La dirección del país, el poder supremo, el Gobierno, la política interior. El crédito o el honor de la nación. Los ministros, el Senado, los dirigentes responsables.

UNDÉCIMA CASA

Los países amigos, los aliados del país. Los grandes proyectos en estudio. La cámara de representantes. El Congreso. Las aspiraciones de la nación. Las agrupaciones cívicas. Los sindicatos, las corporaciones. Los recursos del Gobierno.

DUODÉCIMA CASA

Las miserias escondidas del país. La pobreza, el crimen y el vicio. Los hospitales, las epidemias (junto con la VI, su casa opuesta), las instituciones piadosas, la filantropía. Las obras sociales. Las cárceles, las casas de reposo. Las traiciones, los complots, los suicidios. El espionaje. Las actividades místicas, secretas u ocultas. La hostelería y la cría de ganado. Las pandemias y epidemias. El confinamiento.

Los planetas y su significación en Astrología Mundial

SOL

La autoridad suprema del país, los reyes, la aristocracia, la élite social, el primer ministro, las fuerzas vitales del país. El gobernante, el presidente o rey. La persona famosa o reconocida en la localidad.

LUNA

El pueblo, la gente, la fertilidad, las mujeres, la alimentación, las variaciones climatológicas, los movimientos populares. Los lugares públicos, las plazas de los ayuntamientos.

MERCURIO

El comercio, los medios de comunicación, la Bolsa, los mercados y negociaciones, el mundo intelectual.

VENUS

Las artes, la vida mundana, las costumbres, la paz. Los matrimonios, la juventud femenina.

MARTE

La industria, la actividad, el ejército y el armamento, los conflictos, las guerras, la violencia de todo tipo. Los emprendedores y autónomos. La juventud masculina.

JÚPITER

La burguesía, la magistratura, la Iglesia, la religión, el comercio al por mayor, las finanzas de alto nivel, la prosperidad, las ceremonias, el ambiente científico.

SATURNO

La Administración. La política. El partido conservador. La mortandad. Las propiedades territoriales, las minas y canteras, las dificultades, las restricciones y limitaciones de salud. Las minusvalías.

URANO

Los progresos, las transformaciones repentinas, las perturbaciones violentas, los movimientos jóvenes revolucionarios, las agrupaciones cívicas, los descubrimientos, los inventos. La aviación, los ferrocarriles. Las sorpresas en todos los campos. La electricidad. Las explosiones.

NEPTUNO

El caos, las complicaciones, la desorganización, la traición, los complots, el espionaje, el vicio. Los acontecimientos sensacionales. La navegación, las compañías de agua y de gas. Las actividades ilícitas. Todo lo que destruye poco a poco a la sociedad, la anarquía. El crimen organizado. Las infecciones.

PLUTÓN

La destrucción, la descomposición, la regeneración, la transformación, el misterio del nacimiento y la muerte, lo que ha sido preparado con mucha anticipación, su secreto, los procedimientos químicos. El poder y sus cuotas. El ecosistema.

PARTE 2
Técnicas en Astrología Mundial

Tras esta introducción sobre la astronomía y los significados universales en Astrología Mundial, pasamos a detallar las distintas técnicas con las que cuenta el astrólogo para describir e interpretar el devenir del mundo, tales como:

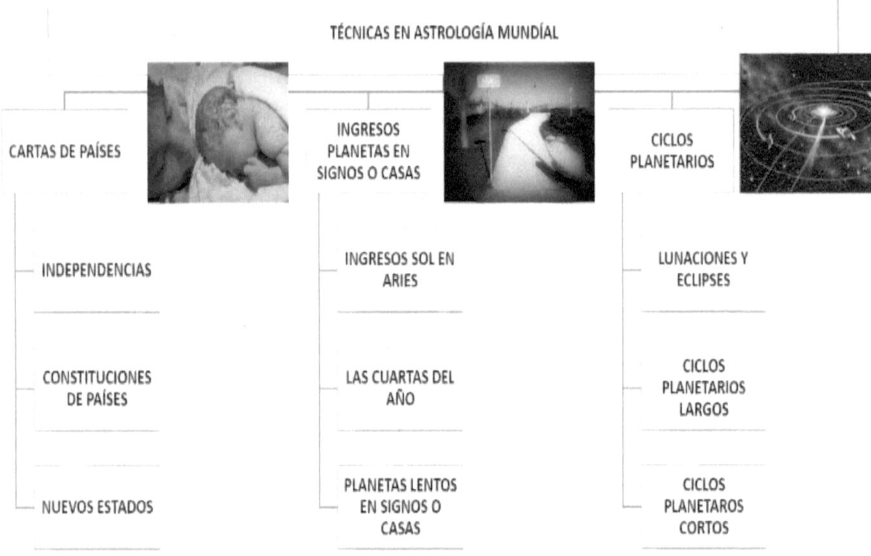

Como podemos ver en el gráfico, dependiendo de la técnica que usemos, interpretaremos unos gráficos u otros, como detallaremos seguidamente.

Capítulo I

Cartas de países

En lo referido a las cartas de los países, se estudia el momento exacto en que un país "nace". Los criterios de ese momento pueden ser variados; podríamos por ejemplo tomar en cuenta el momento en que adquirió su independencia (en el caso de países antes colonizados), como en la carta de México, donde se suele usar el momento en que el Ejército Trigarante, al mando de Agustín de Iturbide, entra en la Ciudad de México el 27 de septiembre de 1821, aunque hay otras cartas también válidas (como la de ascendente en los últimos 10 grados de Aries).

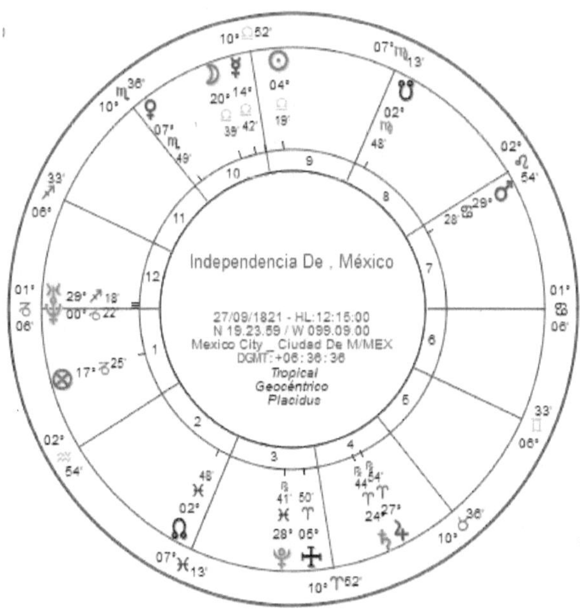

Se observa la analogía de Urano con el momento en sí de la independencia (libertad), y la analogía de Neptuno (país muy influido por el narcotráfico, asunto de Neptuno, así como los movimientos de izquierdas) en la disposición del país (la casa I es la propia nación), con ascendente Capricornio.

También se puede escoger el momento en que se aprobó la constitución del país que estemos estudiando, por ejemplo, en el caso de España. Para el momento del referéndum de la Constitución española del 6 de diciembre de 1978 tenemos este gráfico:

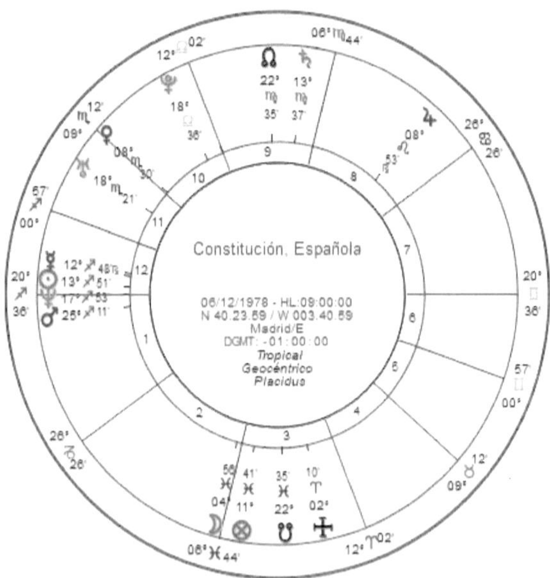

Aquí se puede observar el carácter sagitariano del país (y siendo Sagitario el representante de las leyes, se trataba de nuestra ley magna) y el proceso de reformas radicales en el que iba entrar por la presencia del regente del ascendente, Júpiter, en la casa VIII, el escenario de las grandes transformaciones. Varios planetas en el ascendente nos sugieren la creación de una nación con varias regiones y nacionalidades (las CCAA). La disposición del planeta Neptuno en el ascendente, también nos recuerda el proceso de legalización del partido comunista (izquierda) que se había producido en abril de 1977.

O también podemos optar por el momento en que se conformó un nuevo Estado (por ejemplo, en el caso de España, el momento de la boda de los Reyes Católicos, o el momento en que la reina Isabel hereda la corona de Castilla, etc.). Aquí vemos la carta del momento de la boda de los Reyes Católicos (se casaron un 19 de octubre, pero en el calendario gregoriano se corresponde con el 28 de octubre).

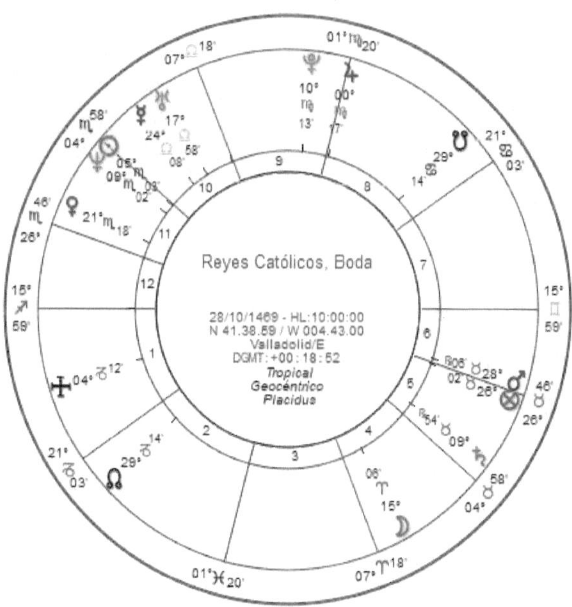

Observamos que asciende el mismo signo, Sagitario (esta vez, el aspecto colonizador que trajo el reinado de los Reyes Católicos) con su regente, Júpiter, posicionado en la cúspide de la casa IX (el extranjero, las colonias, el descubrimiento de América).

El problema del uso de estas cartas es que es complicado escoger la carta idónea, y a veces no hay acuerdo entre los astrólogos. Por otra parte, dado que en un país puede existir más de una carta a estudiar, según lo que estemos buscando, es preferible en estos casos conocer la historia del país y enfocar la interpretación en función de la carta escogida en cada momento, o según la orientación que se le está dando, ya que en realidad, las diversas cartas dentro de un país, todas ellas se conectan unas con otras, dado que las cartas nunca "perecen", sino que siempre están en movimiento.

Hago un inciso para explicar este tema de durabilidad de la carta, incluso cuando parece que ya no debería estar vigente, con el ejemplo de la carta natal de Franco (rueda interior) y el momento del eclipse previo a su exhumación del 2 de julio de 2019 (rueda exterior).

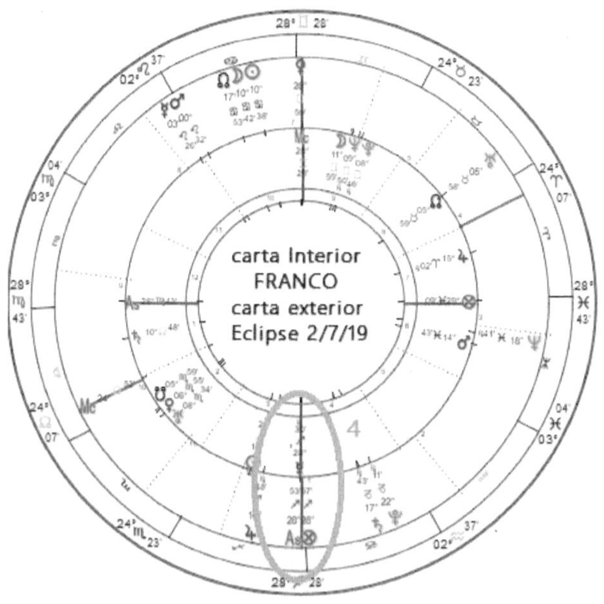

Como podemos ver, el ascendente del eclipse (cuyos efectos pueden durar hasta seis meses) estaba a 28° de Sagitario para la localidad de nacimiento de Franco. Y justo ahí estaba en la carta de Franco el planeta Mercurio (movimiento, transportes) y la casa IV (que en astrología es la última morada, nuestro hogar y nuestra tumba).

Vemos también que la lunación se produjo a 10° de Cáncer, que es la casa X de la carta de Franco (por lo que Franco se hace visible, se habla de él) indicando el acto simbólico de sacar a Franco de su lugar de descanso y trasladarlo a otro lugar. Vemos también que Urano (aviones) del eclipse, queda justo donde el nodo norte (la puerta que se abre, los cambios de dirección) de la carta natal de Franco, representando el acto simbólico del vuelo en helicóptero para cambiar de lugar de residencia.

Con este ejemplo tan claro se puede observar que cualquier carta natal sigue "viva" incluso después del fallecimiento del individuo, de ahí que muchos astrólogos manejen cartas distintas para los países, pero donde nos podríamos encontrar con resultados válidos.

Capítulo II

Inclusión de planetas lentos
en los signos o casas

La segunda vía de estudio es observar el momento en que los planetas lentos y superiores a la Tierra, en su recorrido alrededor del Sol, cambian de signo o de casa astrológica desde nuestra perspectiva geocéntrica.

De este modo se puede analizar, por ejemplo, lo que podría traer **Urano** a nivel mundial (con su significación universal) desde que entró la última vez en el signo de Tauro (añadimos así la significación universal del planeta, otra significación adquirida por el signo de Tauro, enriqueciendo la interpretación), durante un determinado periodo de tiempo.

Por ello, el astrólogo observa ese momento de inclusión en Tauro, el pasado mes de mayo de 2018, su aparente marcha hacia atrás volviendo al signo de Aries y su inclusión definitiva en ese signo el pasado mes de marzo de 2019, hasta que salga de este signo y pase al signo de Géminis en abril de 2026.

Como vemos, son unos siete años de media en que Urano se encuentra en cada signo del Zodiaco, trayendo por tanto novedades e innovaciones en asuntos vinculados a Tauro y a su significación universal. Es decir, este planeta, Urano, tarda en dar la vuelta completa al Zodiaco unos 84,01 años de media.

Y lo mismo podríamos hacer con el resto de planetas superiores a la Tierra, como son:

- Plutón, que recorre los 12 signos en un tiempo aproximado de 249 años. (En este caso, su órbita es muy excéntrica, por lo que no tarda el mismo tiempo en estar en un signo respecto a otro).
- Neptuno, que recorre los 12 signos en un tiempo aproximado de 164,8 años.
- Saturno, que recorre los 12 signos del Zodiaco en un tiempo aproximado de 29,46 años.
- Júpiter, que recorre los 12 signos del Zodiaco en un tiempo aproximado de 11,86 años.
- Marte, que recorre los 12 signos del Zodiaco en un tiempo aproximado de 686,98 días, es decir, algo menos de dos años.

Por ello, la inclusión de estos planetas por los signos y su andadura a lo largo del Zodiaco, marca periodos del devenir del mundo superiores a un año, dando distintas significaciones a los sucesos terrestres en función de la significación universal de esos planetas y su significación adquirida por los distintos signos por los que transcurren.

Capítulo III

La inclusión del Sol en el signo de Aries y las cuartas del año

Esta técnica se usa cuando el astrólogo desea centrarse en los distintos sucesos a experimentar en un país concreto, en periodos menores a los antes enunciados, correspondientes solo a un año.

Así, se suele estudiar **la entrada del Sol en el signo de Aries** (movimiento aparente del Sol), es decir, el momento en que comienza la primavera en el hemisferio norte o el otoño en el hemisferio sur.

Esta técnica es de enorme importancia y muy útil cuando no estamos estudiando cartas de países (debido a la disparidad de cartas posibles) y cuando queremos centrarnos en periodos delimitados y regulares en el tiempo.

Lo que se hace es representar en el gráfico ese momento del ingreso del Sol en el signo de Aries, pero según las coordenadas geográficas de la localidad (que suele ser la capital del país) que nos interese estudiar.

Pero también podemos centrarnos solo en alguna ciudad concreta, en función de lo que estemos buscando, como por ejemplo la ciudad de Wuhan y el ingreso del Sol en Aries de marzo de 2019:

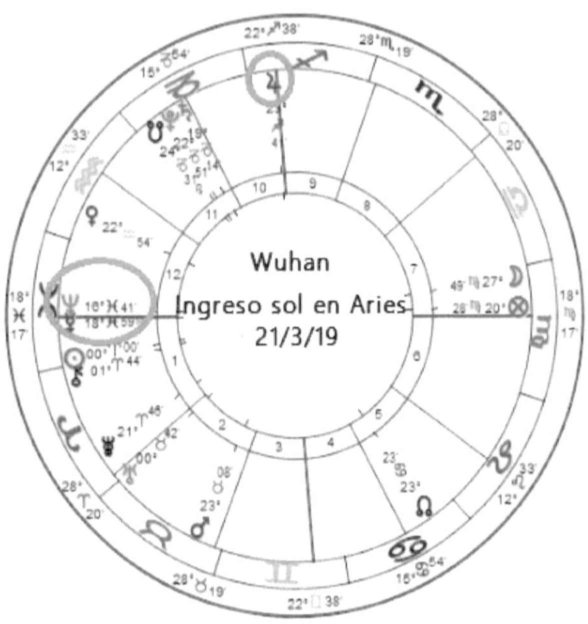

Como podemos ver en este gráfico, el astrólogo interpreta lo que puede devenir en la ciudad de Wuhan a lo largo de todo el año (desde el 21 marzo de 2019 hasta el 20 o 21 de marzo de 2020), según como queda configurada la carta en ese momento del ingreso solar en Aries.

Se observa así que el ascendente de la carta (Casa I), la ciudad en sí, el carácter y la disposición de sus habitantes, es del signo de Piscis, asociado a las enfermedades, con el planeta Neptuno posicionado en ese lugar y vinculado a las infecciones y lo que se propaga por el aire. Observamos igualmente a Mercurio allí, que es significador de las neumonías.

Además, vemos que la ciudad iba a adquirir mucho protagonismo en el año, porque el regente clásico del signo de Piscis, Júpiter, estaba posicionado en la casa X, muy en su cúspide, que es el escenario de "lo que se hace visible y se conoce", los actos en el mundo.

Eso ya por sí solo indica que la ciudad se iba a hacer popular a lo largo de ese año. Pero popular "de mala manera" o "por sucesos tristes", debido a lo que el astrólogo denomina "recepciones entre planetas" (temática que haría necesario un nuevo libro), dado que Júpiter tiene su domicilio en Piscis y está en ángulo de cuadratura (90º, desarmónico) con esos planetas posicionados en Piscis; por tanto "los recibe en su domicilio", sí, pero de mala manera (a causa de la cuadratura que hay entre el signo de Piscis y el de Sagitario, donde estaba Júpiter).

Hay otros indicios de lo que iba a pasar, como por ejemplo:

- El regente de la casa VIII (escenario de la muerte ese año para la ciudad) es Venus, que se encuentra en la casa XII (la casa de las enfermedades crónicas, las grandes pruebas de la vida, los hospitales). Por tanto, y por deducción, la muerte se podría encontrar "presente" en los hospitales.
- Por otro lado, las enfermedades como resultado del ambiente, del aire que se respira (que es el escenario de la casa VI) son regidas este año en la ciudad por el Sol, que se encuentra exaltado (enfermedad exaltada) en la casa I (en la ciudad), es decir, la enfermedad se encuentra exaltada en la ciudad.

Como se puede ver, toda ciudad puede tener su propio ingreso solar en Aries, marcando los sucesos por vivir en esa localidad para el transcurso de un año, y dando la tonalidad del clima por vivir, y nos ayuda por tanto a poder anticiparnos a los sucesos, comprobando que efectivamente no solo cada uno de nosotros venimos con un manual de instrucciones desde nuestro nacimiento (nuestra carta natal particular), sino que las ciudades y los asuntos mundanos, a los que estamos supeditados, marcan ya pautas a tener en cuenta.

En este tipo de análisis no hay que olvidar que los ángulos de la carta (que tienen la energía cardinal, inicio, sucesos) marcan siempre los eventos más importantes del año, es decir, que no solo nos fijamos los astrólogos en la cúspide de la casa I, o casa X, sino también en la casa IV y la casa VII.

Siempre que hay planetas en esos escenarios, dependiendo de la significación universal de los mismos y sus aspectos con otros planetas, se nos dará la.pauta para entender el devenir del año en esa localidad.

Como por ejemplo, en este otro gráfico, referido al ingreso del Sol en Aries para los Rodeos (Tenerife) en 1972. Ese año, en el mes de diciembre, fallecieron 155 personas al explotar un avión nada mas despegar.

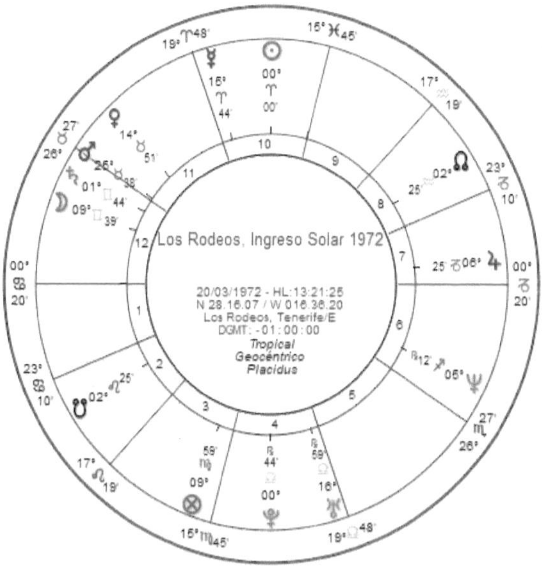

Observamos que Plutón, cuya significación universal es, entre otras cosas, la destrucción y la muerte, está situado en una casa angular como es la casa IV, dando una oposición exacta al Sol en casa X, y recibiendo ambos planetas la cuadratura de Júpiter en casa VII, que se encontraba en un signo como Capricornio, signo no afín a él (dado que es su signo de caída).

La participación de la casa VII en esta ocasión, escenario de los que no son de la ciudad, es significativa del suceso en sí, ya que en el avión todos los pasajeros, excepto los tripulantes, eran extranjeros, en concreto alemanes. Y eso se refleja con Júpiter en esa casa angular.

El astrólogo podría afinar aún más y observar que hay una oposición entre Saturno (regente de la casa VII y casa VIII y situado en la casa XII) y Neptuno en casa VI.

Esta configuración entre Saturno y Neptuno suele generar mala visibilidad (Neptuno tiene la facultad de confundir y Saturno son los límites) y parece ser que una de las causas del accidente fue la poca visibilidad, unido también al fallo mecánico que se produjo, lo que nos sugiere la oposición de Mercurio (lo mecánico) con Urano (lo imprevisto, la explosión).

Este otro gráfico se refiere al año 2008, con otro accidente de aviación ocurrido en Barajas, donde el 20 de agosto de 2008 fallecieron 154 personas, también en el momento del despegue:

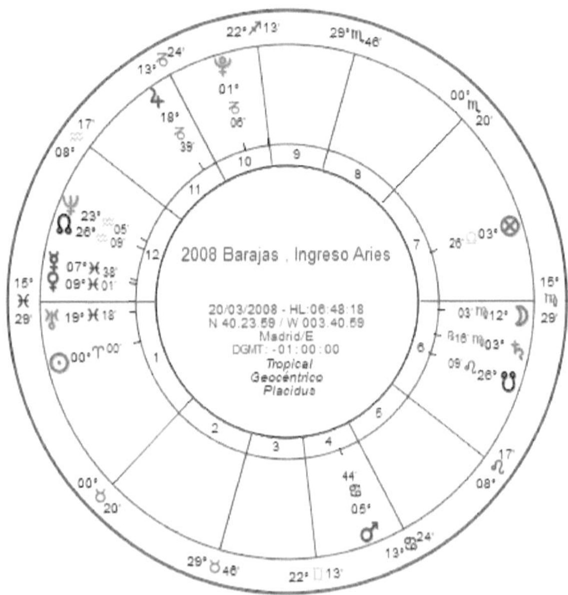

Observamos que en las casas angulares hay planetas tensos:

- Urano en I (asociado a los aviones de forma general).

- Marte en IV y en caída (rige la VIII, muertes, y la IX, viajes por avión) y además dispone del Sol (quien dirige el avión, en este caso).
- Plutón en X (asociado a la destrucción de forma general). Como podemos ver, Plutón y Marte están en ángulo de oposición (180°) cuadrados con el Sol, (90°), estando también Urano en casa angular como es la casa 1, indicando algún desastre impactante para el año.

Ahora el ejemplo del atentado de Atocha (11 de marzo de 2004) en Madrid, correspondiente al ingreso de Aries del año 2003 (no había terminado el año astrológico).

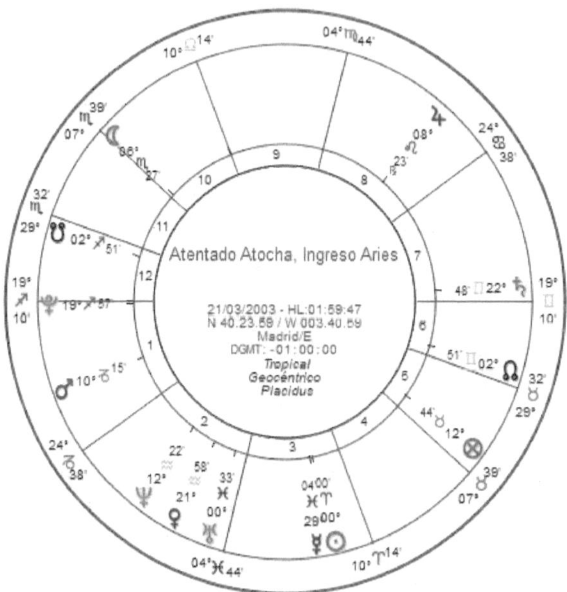

Vemos a Plutón (muerte) justo en la cúspide de la casa I (cuanto más cerca está un planeta de una cúspide, más duros son sus efectos) en oposición a Saturno en la casa VII (el ataque terrorista a la ciudad).

Vemos que el regente del año es Júpiter (ascendente Sagitario en la carta), quien ese año pasaba a representar a los habitantes de la nación, y se encontraba posicionado en la casa VIII (la mortandad).

En cuanto al concepto de las cuartas del año, tan solo mencionar que en astrología clásica se dividía el año astrológico en cuatro cartas, referidas cada una de ellas al ingreso del Sol en cada una de las estaciones, estudiándose cada una de ellas para casos más concretos. Lógicamente, la primera de ellas la hemos estudiado ya, referida sobre todo al estado general del país y su gobierno, pero aparte de esta carta podemos estudiar también:

- El ingreso del Sol en Cáncer, que se estudia para conocer la justicia social del pueblo y sus decisiones.
- El ingreso del Sol en Libra, para el estudio del PIB y los resultados económicos.
- El ingreso del Sol en Capricornio para el estudio de las fuerzas armadas y seguridad del país, el deporte y la climatología.

Capítulo IV

Los ciclos planetarios

Nos adentramos ahora en uno de los temas más fascinantes de la Astrología Mundial, referido a los distintos momentos en que dos planetas cualquiera se ponen en conjunción en el cielo, marcando el inicio de algo. En su distinta velocidad, iremos observando cómo van estableciendo distintos ángulos entre ellos hasta que llegan a su momento de oposición, punto máximo de desarrollo de lo iniciado anteriormente, a partir del cual el ciclo planetario empieza a languidecer, estableciendo nuevos ángulos decrecientes hasta que, con el transcurso del tiempo, se encuentran de nuevo en el firmamento y vuelven a empezar.

Podríamos entender esto como en esta imagen, algo parecido a lo que ocurre en economía con el ciclo de vida de un producto, su fase de crecimiento y su fase de declive.

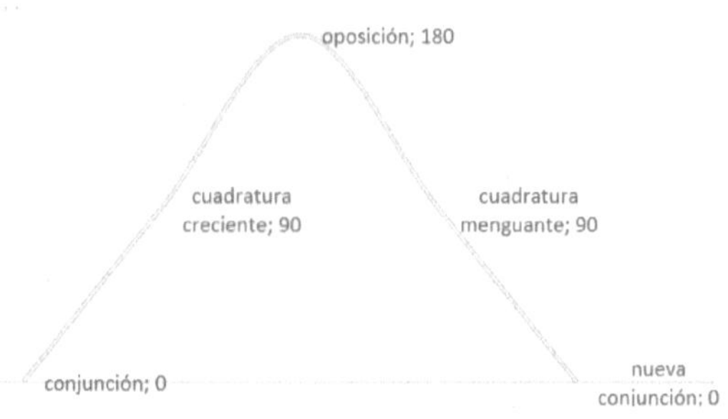

En el momento en que los planetas se encuentran en conjunción, comienza después un ciclo de crecimiento o expansión vinculado a la significación esencial que trae ese ciclo, hasta llegar a su oposición, momento de madurez a partir del cual el ciclo empieza a morir, comienza la restricción y el momento del declive del ciclo.

Esta es una imagen de los distintos ciclos planetarios que hay superiores a un año:

Ciclos Mayores	Ciclos Medios	Ciclos Menores
• Neptuno/ Plutón • Urano/ Neptuno • Urano/ Plutón	• Saturno/ Urano • Saturno/ Neptuno • Saturno/ Plutón • **Júpiter/Saturno** * • Júpiter/Urano • Júpiter/Neptuno • Júpiter/ Plutón	• Marte/Plutón • Marte/Neptuno • Marte/Urano • Marte/Saturno • Marte/Júpiter

 Dato: aunque Júpiter y Saturno se unen cada veinte años aproximadamente (ciclo medio) esta vez, para finales del 2020 será una conjunción con cambio de elemento, suponiendo un cambio de ciclo en realidad de más de 200 años.

Aparte, tenemos aquellos ciclos que se producen en el transcurso de un año (corto plazo), como son:

Conjunciones del Sol	Conjunciones de Mercurio	Conjunciones de Venus	Sicigias y eclipses
• Con planetas generacionales • Con planetas sociales • Con planetas personales	• Con planetas generacionales • Con planetas sociales • Con planetas personales	• Con planetas generacionales • Con planetas sociales • Con planetas personales	• Conjunciones y oposiciónes de las luminarias, el Sol y la Luna). • los eclipses

Pero es importante comprender que los ciclos menores estarán supeditados a su vez a ciclos de mayor duración, ya sea medios o mayores, y a su vez los ciclos medios estarán supeditados a los ciclos mayores.

Esto quiere decir, por ejemplo, que podríamos encontrarnos en un momento de ciclo expansivo de Júpiter/ Urano (cada catorce años), donde el deseo de libertad y emancipación, así como el crecimiento económico y de las ciencias, están en su cenit y madurez completa (por ejemplo, estos planetas llegaron a su oposición a finales del 2017, cuando la declaración unilateral de independencia —DUI— en Cataluña). Pero si en ese mismo momento hay un ciclo mayor al anterior, como el de Saturno/ Plutón (de 33 a 37 años), que se encuentra en su declive y en ciclo restrictivo, (cuadratura menguante en ese momento) generando limitaciones y estrecheces (Saturno) por los círculos de poder (Plutón), será difícil que el primero pueda tener una manifestación favorable o constructiva a sus intereses, ya que está supeditado a ese otro ciclo de mayor duración.

Así que es importante no perder de vista, cuando se estudia un determinado ciclo planetario que engloba un determinado número de años, a qué ciclos planetarios de mayor alcance está supeditado él mismo.

En cuanto al **índice cíclico**, fue un método desarrollado por el astrólogo francés Henry Gouchon a mediados del siglo XX, y que representa un gráfico de ondas en donde se podían ver los momentos de la historia en que ocurrían grandes concentraciones planetarias. El método fue luego recuperado por el astrólogo André Barbault, quien creó otro gráfico con la misma función. Hoy en día muchos programas astrológicos incluyen el gráfico del índice cíclico, donde se pueden escoger los planetas a estudiar, así como el tipo de aspecto que se desea ver en el tiempo (conjunciones, cuadraturas, oposiciones, etc.), para el tiempo que queramos considerar.

Así, con el programa Meridian Gold (Cathar Astrology Software) se puede representar un gráfico de índice cíclico, entre otras utilidades, donde se estudian todas las concentraciones planetarias que queramos buscar en fechas concretas. En el ejemplo he escogido desde el año 2015 hasta el año 2025, de todos los planetas exteriores a la Tierra (desde Marte a Plutón). Como se puede observar, se nota cómo la onda sube mucho en el mes de marzo de 2020, que ha sido el momento en el que se ha vivido la pandemia del Covid y su propagación. El sistema se basa en una suma de astrodinas, donde cada astrodina, equivalente a diez puntos, es una conjunción entre dos planetas, y así sucesivamente, de forma que a más astrodinas, más conjunciones planetarias puede haber en el mismo momento. Así mismo, a más astrodinas, más cambios drásticos ocurren en un determinado momento histórico. Así, citando al astrólogo Tito Maciá:

- *Menos de 10 astrodinas: no se esperan sucesos, cambios o crisis que varíen la conducta de una persona ni de un país.*
- *Más de 20 astrodinas: se viven sucesos que dejarán algo de huella.*

- *Más de 30 astrodinas: los sucesos que ocurren afectan de manera importante en el rumbo de una persona o del mundo, suponiendo cambios de dirección en la vida.*
- *Más de 50 astrodinas: se pueden esperar acontecimientos o sucesos que variarán absolutamente la forma de vida del mundo.*

Como podemos ver en el gráfico, conforme nos íbamos adentrándonos en el primer trimestre de 2020, nos encontrábamos con más de 50 astrodinas, a punto de llegar a las 55 astrodinas:

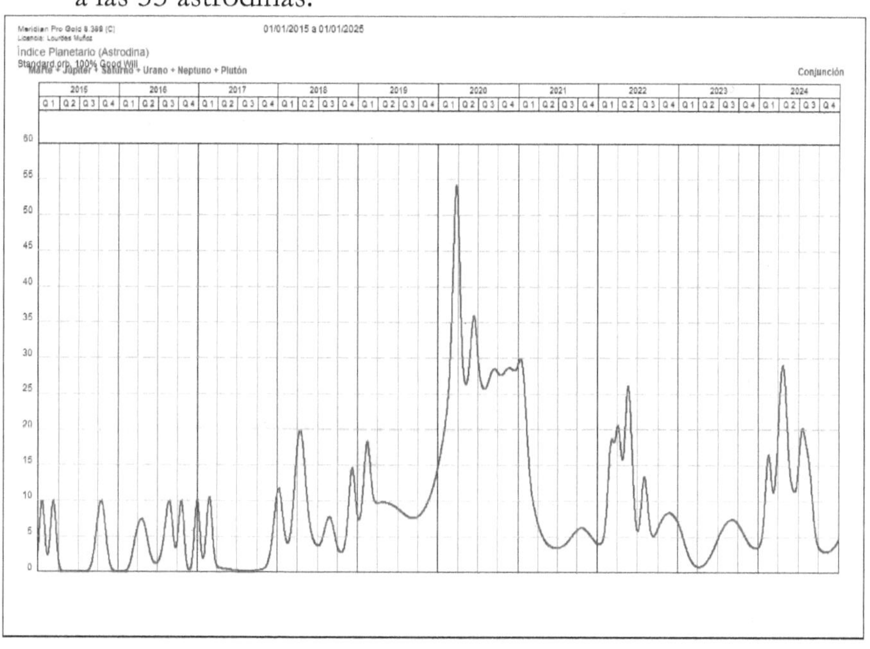

Ciclo Neptuno y Plutón cada 492 años

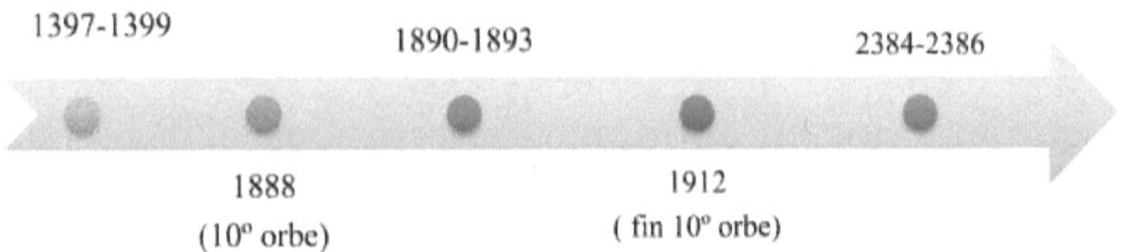

Cada 492 años aproximadamente estos planetas se encuentran de nuevo en el cielo, por lo que conjugan sus significaciones universales, que se enriquecen a su vez por el signo del Zodiaco en el que caen.

Ciclo previo

Para entender este ciclo sería conveniente estudiar lo que ocurrió en el ciclo anterior. Para ello tendríamos que remontarnos a los años entre 1391 y 1411, la conjunción anterior (exacta entre 1397 y 1399).

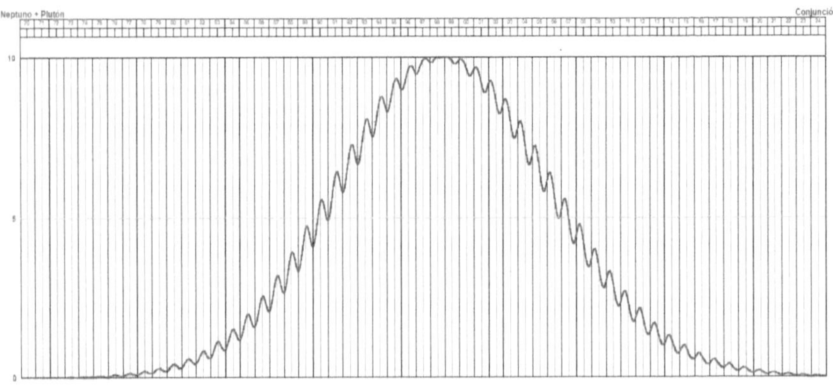

Tras esa conjunción de 1398 y con el comienzo del siglo XV, comienza lo que se viene a llamar el siglo de las innovaciones, el último siglo de la Edad Media, que supone un puente entre la Baja Edad Media y la Edad Moderna. El punto de cruce son dos fechas importantes: la de 1492 (el encuentro de dos mundos) o la de 1470 (la toma de Constantinopla por los turcos). En cuanto al tema religioso, **ocurrió el Cisma de Occidente entre 1378 y 1417**, donde dos obispos —o incluso tres— se disputaron la autoridad pontificia. En cuanto a las distintas dinastías islámicas (ha habido cuarenta y tres dinastías a lo largo de la historia del islam), se puede detectar que las mismas se suceden en el tiempo tras cada conjunción.

Luego **el aspecto de cuadratura creciente** entre ellos se dio entre 1560 y 1588. Esa época está encuadrada dentro de lo que se ha llamado la guerra de los 80 años, donde un grupo, originariamente creado con fines piadosos, se convirtió en un cuerpo armado y preparado para luchar.

En realidad, lo que podemos ver es que son periodos en los que hay cierta tensión como consecuencia de dogmas religiosos, de fanatismos o de ideologías, y a la vez, por esa facultad regeneradora de Plutón y por la facultad mística y piadosa de Neptuno. Tras esos momentos de crisis y de catarsis, el ser humano puede dar grandes pasos, como ocurrió tras el fin de la Segunda Guerra Mundial, con la Declaración Universal de los Derechos Humanos de diciembre de 1948, con su artículo 18 y el derecho a la libertad de pensamiento, conciencia y religión, tras la masacre producida en el Holocausto.

Por ello, el ciclo tiene mucho que ver con el poder y la transformación radical, con la vida y la muerte, la existencia (Plutón) y las ideologías, las creencias y la espiritualidad de cualquier tipo (Neptuno), y trae profundos cambios de pensamiento en el hombre.

Ciclo en vigor

El ciclo vigente comenzó a finales del siglo XIX. Este es el gráfico, donde estarían ya a 10° de orbe desde 1888 hasta 1912, aunque ya se nota la influencia desde 1870 hasta 1919.

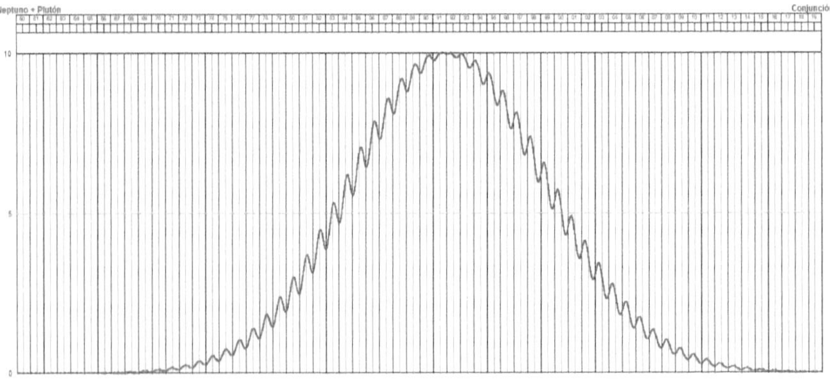

Este ciclo comienza justo después de haberse celebrado el primer Concilio Vaticano en la Iglesia católica, donde se discutieron asuntos como la infalibilidad del Papa y la condena o no al racionalismo, llegando a la conclusión de que *"la razón, por sí sola, puede conocer con certeza la existencia de Dios, pero que a su vez es insuficiente para llegar a misterios divinos como por ejemplo la Trinidad, la Encarnación o la Redención, destacando por ello la necesidad de una revelación divina"*.

Por otro lado, en 1891, justo ya con el comienzo del ciclo, el papa León XIII publica la primera encíclica social, titulada *Rerum novarum,* donde en una carta dirigida a obispos y catedráticos, la Iglesia muestra su apoyo a las clases trabajadoras para formar uniones obreras y sindicatos, a la vez que reafirma su apoyo a la propiedad privada y se propone una nueva organización socioeconómica que luego se vino a llamar distributismo. Esta doctrina es para mucha gente una tercera vía entre el socialismo (donde no se permite a las personas la propiedad de bienes de producción, sino que todas están bajo el control del Estado, la comunidad o los trabajadores), y el capitalismo (donde solo unas pocas personas tienen la propiedad de los bienes de producción). Se considera así el distributismo como una fórmula intermedia que pretende asegurar que la mayoría de las personas se conviertan en propietarios de la propiedad productiva.

Por el lado del islam, surge en esa época lo que se denomina el "modernismo islámico", siendo una de sus figuras Mohammed Abduh, quien se convertiría en gran mufti de Egipto en 1899, siendo el primero en intentar reconciliar la fe islámica con valores modernos como la democracia, los derechos civiles, la igualdad o el progreso, y pronunciándose en contra de la poligamia.

También llama la atención que en esa época nacieran las dos personas que fueron clave en el comienzo de las dos guerras mundiales, como podemos ver:

— Primera Guerra mundial: comenzó porque **un joven llamando Gravilo Princip, nacido el 25 de julio de 1894** (dos años después de la última conjunción, todavía activa) asesinó el 28 de junio de 1914 en Sarajevo al heredero a la corona de Austria-Hungría, el archiduque Francisco Fernando, y a su mujer, la duquesa de Hohenberg Sofía Chotek. Ese hecho generó una serie de sucesos que luego dieron inicio a la Primera Guerra Mundial.

— Segunda Guerra Mundial: **Hitler, precursor de la guerra, nació en abril de 1889** (dos años antes de la primera conjunción exacta), y vivió bajo la férrea y dura educación de su padre hasta la muerte del progenitor, en enero de 1903. De alguna forma "simbólica" estamos estableciendo una conexión entre esa conjunción activada entre 1888 a 1902 (momento que dejan de estar en contacto a más de 10° y en distinto signo), donde "la idea germina" con el nacimiento y la triste infancia de Hitler hasta la muerte de su padre (enero de 1903, cuando la conjunción deja de estar activa), donde se desarrolla su personalidad, influyendo más tarde en los hechos acaecidos en la Segunda Guerra Mundial y su protagonismo en los mismos.

Tras esos sucesos se firmó la DUDH, la Declaración Universal de los Derechos Humanos en 1948, con su artículo 18 y el derecho a la libertad de pensamiento, conciencia y religión, tras la masacre producida en el Holocausto.

Tras este análisis, encuadrado en esos momentos históricos, podemos ya hacer una deducción entre los significados de Neptuno y Plutón, y comprobamos si la significación universal de estos planetas concuerda con estos sucesos:

- Neptuno: según los libros astrológicos tiene que ver con "las masas de gente", con la espiritualidad, con la fe en cualquiera de sus formas y el pensamiento ideológico; y en su lado negativo, con el fanatismo religioso o ideológico.
- Plutón: según los libros astrológicos tiene que ver con "el caos, la destrucción, la muerte, la regeneración, la transformación profunda y las cuotas de poder".

Y por tanto, cuando estos planetas se pongan en cuadratura, podrían dar tensión en estos asuntos, asuntos vinculados a la espiritualidad y el misticismo, y a las cuotas de poder o influencia en lo social de los mismos, lo que ocurrirá entre el **año 2055 y el año 2075**.

Ciclo Urano y Neptuno cada 172 años

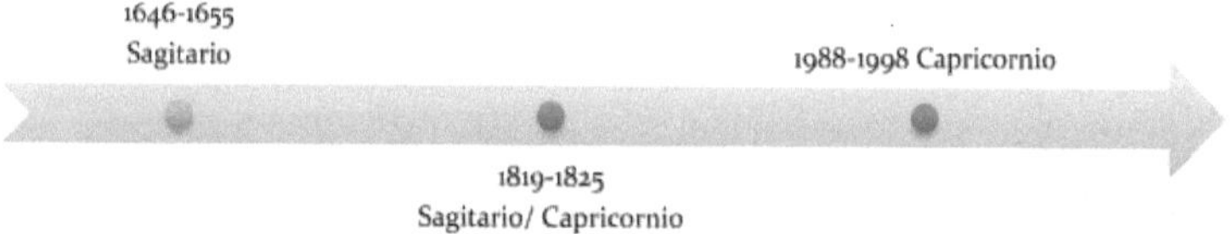

Este ciclo se produce cada 172 años, trayendo sucesos vinculados a esos planetas.

- Urano es por extensión lo social, lo humanitario, las agrupaciones cívicas, todo lo que es novedoso, así como todos los avances científicos que cambian la sociedad.

- Neptuno es lo colectivo, las masas de gente, lo religioso o espiritual. Es también la inspiración artística.

Por tanto, la conjunción marca el comienzo de cambios colectivos humanitarios, que afectan a la cultura social y que traen nuevos ideales.

Y tendrá que ver con lo que llamamos "cultura" en toda su extensión, aquello que forma parte de nuestra cultura y se convierte de algún modo "en tradición" con el paso del tiempo, gracias además a los avances científicos que modifican nuestras creencias (de ahí que la cultura se conforme por los avances científicos, por Urano).

Este ciclo es diferente al anterior aunque intervenga también Neptuno, porque en el caso anterior Neptuno era el que aplicaba a Plutón (salvo en los momentos en que Plutón se comporta de forma excéntrica en su órbita) y luego se separaba de él, mientras que aquí es Urano quien aplica a Neptuno y luego se aleja de él. Por eso es Urano quien, tras su conjunción, toma la simbología de Neptuno y se transforma a sí mismo gracias a ella. El ser humano pone la ciencia al servicio de lo que cree, piensa, o se inspira, cuando se activan estas conjunciones.

Ciclo previo del siglo XVII

Vamos hacia atrás en el tiempo, cuando ocurrió la conjunción de estos dos planetas en un orbe de 10° y en el mismo signo (en Sagitario), **de 1646 hasta 1655.**

¿Qué pasó en esos años que plantara alguna semilla de lo que vino después? Para saberlo analizaremos los momentos posteriores a la conjunción que se ponen en aspecto de nuevo, para entender el significado de la conjunción que los precede:

— Primer sextil: agosto de 1678 hasta abril 1687. Teniendo en cuenta que no es continua en el tiempo y que en un primer contacto se da entre un signo de aire y de fuego, y en un segundo contacto se da entre un signo de agua y de tierra.

Lo más significativo a nivel cultural y social de esta época fueron los descubrimientos de **Isaac Newton**. De hecho, su obra más importante fue *Principia*, de 1687. Al final de ese sextil es cuando tiene la genialidad de mencionar por primera vez la ley de la gravedad.

Sus descubrimientos cambiaron las costumbres y cultura social del momento, con aportaciones también en mecánica clásica y en óptica (lo que tiene que ver con Neptuno). Gracias a él las leyes de Kepler, cuyo significado no se habían comprendido hasta entonces, pudieron ser sustentadas a través de la ley gravitacional.

Todo esto nos da ya una primera aproximación, trayéndonos la conjunción, el comienzo de la ciencia como lo entendemos hoy en día.

— Primera cuadratura (90 %): agosto de 1694 y mayo 1702. Hay que entender las cuadraturas como tensiones, donde hay conflictos relativos al tema que nos ocupa. En este caso, la ciencia y la razón se impuso a la parte espiritual del hombre.

Así, en fecha muy cercana (1692-1693) ocurrieron los juicios por brujería en Salem, Massachusetts, y a finales de siglo XVII todo lo que se saliera del razonamiento empírico era menospreciado (de hecho, la ortopedia, desarrollada en la época, no tuvo ningún éxito al principio, por el recelo de determinadas comunidades científicas).

Y es que al ser cuadratura hay fricción, aparte de que son momentos en que las artes se empiezan a separar un poco de las ciencias, yendo cada una por su lado.

Vemos así que los contactos entre estos dos planetas traen avances científicos y culturales que cambian a las masas, la forma de sentir y vivir de la sociedad, así como sus creencias, y serán de forma constructiva o de forma tensa según los ángulos que forman entre ellos y si los contactos son tensos o no.

Conociendo ya cómo ha funcionado, analizamos la conjunción producida entre **1646 y 1655**, siendo exacta en 1650, año que se inventó la bomba de vacío por Otto von Guericke. Este invento es muy utilizado en las industrias químicas, de alimentación y de bebida para el envase de productos, haciendo que se conserven en el tiempo, algo que desde luego nos cambió la vida y cambió nuestra cultura. También apareció la bomba de aire por el mismo inventor, aunque con aplicaciones científicas en 1658 por parte de Robert Hooke. Importantísima aún en nuestros días, como por ejemplo, para inflar los neumáticos.

De algún modo esta conjunción de Urano/Neptuno nos habla de los avances científicos multidisciplinares —es decir, de todas las ramas— y con buenos aspectos parece que convergen, pero con malos aspectos parece que se separan unos de otros.

Ciclo previo del siglo XIX

Ahora veremos la conjunción **que se produjo entre los años 1819 y 1825,** donde destaca el nacimiento de Federico Engels, que es considerado un estudioso de las ciencias naturales y analizó la evolución del pensamiento científico a través de la historia.

De nuevo esa dicotomía entre ciencia/filosofía, entre la parte más empírica y racional y la más social o de comportamiento.

Y entre medias, todos los avances que se han ido sucediendo para ser útiles a la sociedad.

Así tenemos, por ejemplo, con el trino, descubrimientos con implicaciones colectivas como la locomotora eléctrica, la lámpara eléctrica, la plancha eléctrica, el teléfono e incluso la ametralladora, y con la oposición, los primeros autos de carrera, el cine sonoro, la aspiradora, el fax, los frenos de disco, la fotografía, el aeroplano, el aire acondicionado, etc.

Ciclo en vigor de finales siglo XX

En la última conjunción, **producida entre diciembre de 1988 y mayo de 1998**, los nuevos avances científicos (Urano) que irán cambiando nuestro modo de vida social como colectivo (Neptuno) vendrán de la mano de personas nacidas entre esos diez años, que sentarán las bases de las nuevas orientaciones en ciencias/humanidades y darán pautas de la nueva cultura, nuevas formas de entender la vida, nuevos desarrollos sociales y culturales, así como la creación de nuevos inventos y sistemas que nos faciliten la vida y hagan que nos relacionemos de otra forma.

Estos planetas, tras su conjunción, **han estado en semi-sextil (30°)** entre mayo de 2008 hasta enero 2012 —y aunque el semi-sextil es un aspecto menor, no tan relevante—, sí nos podría dar una pista de lo que podría traer más adelante. Para ello tenemos algunas noticias interesantes de esa época, como por ejemplo:

- Ken Lou Castillo, de Guatemala, nacido en 1994, creador de un leño ecológico con materiales reciclados que al arder no daña el medioambiente ni es perjudicial para la salud.

- Jack Andraka, nacido en 1997, inventor de un método para detectar el cáncer de páncreas, invento que según los medios se pretende poner en circulación en el año 2022. Pero yo creo que esto en realidad podría postergarse hasta que los planetas no estén en aspecto de trino, es decir, a partir de julio de 2023.

- Malala Yousafzai, nacida en 1997, que ha obtenido ya el premio Nobel de la paz como firme defensora de los derechos humanos.

- Ann Makosinski, nacida en 1997, inventora de una linterna termoeléctrica.

- Elif Bilgin, nacida en 1997, inventora de un método para convertir el material orgánico residual en un producto útil para la fabricación de bioplástico, que pueda sustituir a los derivados del petróleo y que se pueda emplear para aislar los cables eléctricos.

- Boyan Slat, nacido en 1994, inventor de un sistema que utiliza las corrientes oceánicas para hacer el concentrado de plástico, reduciendo el proceso de limpieza del océano.

Por ello, **los jóvenes de entre 1988 y 1998** propiciarán grandes cambios sociales en las fechas comprendidas entre **julio de 2023 y mayo de 2030** (ya que el trino es más fuerte que el sextil), propiciando grandes avances de gran utilidad social, que por las pistas que nos han dado en este aspecto de sextil recién producido **tienen que ver con la ecología y el medio ambiente, los derechos humanos y civiles, las libertades y los descubrimientos respecto a enfermedades con alto grado de mortalidad.**

Ciclo Urano y Plutón cada 127 años

Aquí vemos un cierto paralelismo entre la transformación, las crisis (Plutón) y el estado de la conciencia (Urano).

Este ciclo, cuando comienza, trae la regeneración y la revolución, el conflicto, pero entendido más como una libertad personal (Urano) que como una ideología o fanatismo (Neptuno) dado que los individuos nacidos con esta conjunción son personas con "prontos", por así decirlo, o con "carácter", personas que rompen o unen acuerdos, personas que en algún momento de su vida extralimitaron sus fuerzas, pero también personas con un punto de "genialidad".

Las situaciones conflictivas que se producen en este tipo de ciclo se entienden más como conflictos que surgen de la voluntad humana, de la decisión personal, que mal canalizados pueden producir situaciones de paranoia o estado mental confuso (en 1850, con la conjunción previa a la que tenemos en vigor, fue cuando la enfermedad maniaco-depresiva se conceptualizó por primera vez).

Pero los nacidos con esta conjunción son también personas muy inteligentes y con un toque de "genialidad". Los conflictos no surgen por creencias (Neptuno con Plutón), sino de estados mentales (lo que, en otro sentido, trae enfermedades relacionadas con el trastorno bipolar, el límite de personalidad, etc.).

Por eso las revueltas o situaciones bélicas en este ciclo son así. De hecho, las guerras que son más de tipo económico o de territorios, de afán de dominio y poder, podrían estar encuadradas en este ciclo de Urano/Plutón, mientras que las guerras religiosas o por ideologías irían más por el ciclo de Neptuno/ Plutón.

También surge, a través de los contactos que se suceden entre estos dos planetas, situaciones de "luchas de poder" o situaciones encadenadas de rupturas de acuerdos y creación de nuevos acuerdos.

Pero lo marcado por este ciclo da ese toque de "genialidad" de salirse de lo corriente, de conseguir cosas que hasta entonces nadie había conseguido.

Como observación diré que el quincucio (150°) de vuelta entre ambos (150° yendo hacia el trino de 120°) funciona muy bien y es realizador en estos dos planetas juntos, quizás porque las naturalezas de ambos planetas se apaciguan, motivado por la intervención de otros asuntos que no le son propios o por decisiones de terceros (los quincucios se suelen referir a situaciones donde intervienen terceras personas que cambian el curso de los eventos). Así, tenemos que el fin de la Primera Guerra Mundial vino con un quincucio entre ambos, y el fin de la Segunda Guerra Mundial se resolvió con un sextil entre ambos (hay que recordar que los sextiles son acuerdos por "promesas", es decir, la forma de resolver las fricciones entre estos dos planetas es ceder en algún sentido u otro, aunque haya que dar o recibir algo a cambio).

En cierto sentido, este binomio de planetas puede asociarse a:

- La individualidad del hombre y el poder de su libertad.
- Las crisis de conciencia del hombre debido a lo que hace con esa libertad.

Ciclo previo

Veamos lo que nos trajo el ciclo anterior al actual, de 1846 a 1854 (finales de **Aries**).

- Los primeros explosivos fueron de 1846, con la aplicación de la conjunción. Ambos planetas estaban en el mismo signo de Aries pero a 12° de distancia; se estaba acortando la distancia. Esos primeros explosivos dieron al hombre un instrumento de poder, un poder que podría extralimitarse y generar luego crisis de conciencia.
- Por otro lado, vemos que el **24 de julio de 1850** se acuñó el concepto de lo que es el **trastorno bipolar**. Y ese mismo año, el mundo fue testigo del nacimiento **del volcán Cerro Negro** (Urano, explosión; Plutón, volcán en erupción).

Más adelante, acercándose al sextil, se inventó el teléfono por Meucci, aunque con su cuadratura Bell patentó el invento como suyo. Con el trino se celebró en Francia la primera carrera de automóviles (nuestros límites, hasta dónde podemos llegar con la libertad, con la velocidad) o se hizo el primer rascacielos (igual: hasta dónde puede llegar el hombre y los peligros que eso conlleva) o el primer telescopio (poder del hombre).

Personajes nacidos en esa conjunción fueron:

— **Alexander Graham Bell**, con avances en la aeronáutica y quien robó la patente del teléfono a Meuci, y avances también en el tratamiento de la sordera.

— **Robert Louis Balfour Stevenson**, con su famosa novela *La isla del tesoro*, donde se realiza una reflexión moral y crítica hacia el dinero y la ambición. Lo menciono porque uno de sus personajes, Billy Bones, muere de una apoplejía (Urano/ Plutón) antes del asalto de los piratas.

— **Guy de Maupassant**, escritor, que se definía a sí mismo diciendo: *"Tengo miedo de mí mismo, tengo miedo del miedo, pero ante todo, tengo miedo de la espantosa confusión de mi espíritu, de mi razón, sobre la cual pierdo el dominio y a la cual enturbia un miedo opaco y misterioso".*

— **Lousie Lateau era una** mujer que todos los jueves sangraba y tenía dolores que desaparecían la noche siguiente, todo de forma recurrente, semana tras semana. En su momento consideraron que era una mística y no se pudo encontrar nunca explicación científica racional a lo que le ocurría. Pero esto parece tener gran relación con esa conjunción de Urano y Plutón

Ciclo en vigor

El **ciclo actual** comenzó en el intervalo comprendido **entre agosto de 1962 y septiembre de 1968** (podemos recordar la revolución de 1968, que imprime este carácter de libertad y de revueltas sociales al ciclo), y la conjunción se produjo en el signo de **Virgo**, un signo muy diferente a Aries, donde cayó la conjunción anterior (signo de fuego). Esta es su secuencia:

- Sextil 60° (6° orbe): desde febrero de 1993 hasta febrero de 2001.
- Cuadratura 90° (10° orbe): desde junio de 2007 hasta diciembre de 2018.
- Trino 120° (10° orbe): desde julio de 2022 hasta junio de 2030.

Esta nueva generación nacida entre 1962 y 1968, con el sextil de 1993 hasta 2001, tuvieron una época favorable y expansiva.

Tenemos el caso de Nicolás Maduro, nacido en noviembre de 1962, quien al comienzo del sextil, en 1993, visitó a Chávez en la cárcel, comenzando ahí su andadura política.

Es decir, que en el caso de este hombre nacido con esa conjunción, sus primeros éxitos se encuadran dentro del momento en que esa conjunción se convierte en sextil; son sus años de expansión, de crecimiento.

Dado que los dirigentes de un país están sintonizados con los ciclos planetarios que resuenan con su propio nacimiento, podríamos indicar que a partir del 2019 Venezuela ha entrado por tanto en una época "bisagra" o de transición, en la que tendría que llegar a acuerdos, ceder o hacer concesiones. Es decir, tendría que "regular sus funciones" de algún modo, dar marcha atrás y no extralimitarse, tal y como hemos visto que suele ocurrir en esta generación: dan marcha hacia atrás cuando los aspectos entre ambos planetas ya han pasado o dejan de conectarse. Es decir, que desde el año 2019, cuando termina la cuadratura, hasta julio de 2022, no hay aspectos entre estos dos planetas, y suele ser el momento del " reajuste" con este ciclo.

Y la siguiente fecha para Venezuela, (debido a que su dirigente, Nicolás Maduro, nació con la citada conjunción), vendrá con el trino de 120°, periodo que se encuadra desde **julio de 2022 a junio 2030**, fecha que todavía no ha llegado.

Dado que vimos que la conjunción previa a esta fue una época tranquila, de apertura, de avances, entendemos que sería igual, es decir, una época más libre y menos condicionada, pero sin tensiones. Y siguiendo con el caso de Nicolás Maduro, cuya figura influye enormemente en Venezuela, **igual es una época de apertura para este país.**

De todas formas, tras este inciso sobre el caso de Venezuela (debido a que tiene un dirigente nacido en esa conjunción), indicamos que cuando la conjunción fue exacta, en 1966, se **inventó el primer corazón artificial** (de nuevo la conciencia del hombre ante el poder de sus inventos, y qué es lo que hace con ello). Con su primer sextil (de 1995 a 1998) nos ha traído las primeras computadoras cuánticas, la creación del primer condensado de Bose-Einstein, el nacimiento del primer GPS, la clonación de la primera oveja o la patente de la Viagra, y su trino lo tendremos entre el 2022 al 2030, (orbe de 10º), algo que comentaremos más adelante.

Ciclos medios

Ciclo planetario de Saturno y Urano cada 45 años

1941-1943
Tauro

2031-2033
Virgo

1986-1989
Sagitario

Conectan un planeta vinculado a lo colectivo y un planeta vinculado a lo social, donde se relaciona lo que tiene que ver la política interior y su control y límites (escenario de Saturno), y la libertad colectiva y de todo tipo (también la sexual), las ciencias nuevas, las ideas revolucionarias y el liberalismo económico (escenario de Urano).

Ciclo en vigor

El último ciclo comenzó su conjunción exacta en febrero de 1988, posición que se repitió de nuevo en octubre de 1988 como conjunción definitiva, marcando por tanto ese año el comienzo del último ciclo. Un representante político nacido en este ciclo, en el año 1988, es la ministra Irene Montero, quien resuena con las características del mismo.

Por tanto, los jóvenes nacidos en ese año y cercanos marcarán la nueva forma de hacer política y de limitar la libertad, o en la otra cara de la moneda, de generar cambios y transformaciones desde las estructuras de poder.

En el año 1988 las estructuras de poder empezaron a cambiar, con política de bloques, intereses y ambiciones de grandes potencias que se impusieron al mundo. En el caso de España, se creó la Comisión Nacional de Valores (Urano también tiene mucho que ver con el capitalismo) y se propuso la moneda común en Europa. Hay que recordar que Felipe González nació en 1942, justo cuando se dio la conjunción anterior, por lo que resonaba con ese momento histórico en España siendo presidente de la nación.

Los planetas llegaron a su sextil (ángulo de 60°) en el año 1997, que fue el año de la   primera declaración de los derechos sexuales en el XIII Congreso Mundial de Sexología en Valencia (España), marcando ya la tónica general de este ciclo medio.

En julio de 2010 se produjo la oposición y el cenit de todo lo que este ciclo vino a enseñarnos, recordando la famosa manifestación que se produjo en Barcelona por el tema de la inconstitucionalidad del Estatuto catalán del año 2006. Y a partir de esa fecha, el ciclo comenzó a languidecer.

Y tendremos la cuadratura menguante y **de fin de ciclo en el mes de febrero, junio y diciembre del año 2021,** donde se producirán eventos vinculados a esta significación universal de estos planetas, pero **sin resultados**

tangibles o productivos. De hecho, **estarán en declive,** intentando salvar lo que se pueda del mismo o enmendando lo que no se abordó de forma conveniente en los años anteriores, pero no mucho más, ya que el ciclo estará ya en su senilidad y próximo a renacer de nuevo.

Ciclo futuro

Tendremos **la próxima conjunción planetaria en junio de 2032**, donde se establecerán nuevos parámetros basados en la nueva libertad (o liberalismo) de Urano, vinculados a la vida política y económica de los países y al nuevo orden mundial.

Y será en este momento cuando las personas nacidas en torno al año 1988 adquirirán gran protagonismo, siendo los precursores de esta nueva sociedad política basada en la libertad (económica, sexual, revolucionaria, científica... todo de la significación de Urano) y los límites y el control a la misma (la significación de Saturno).

Ciclo planetario Saturno y Neptuno cada 36 años

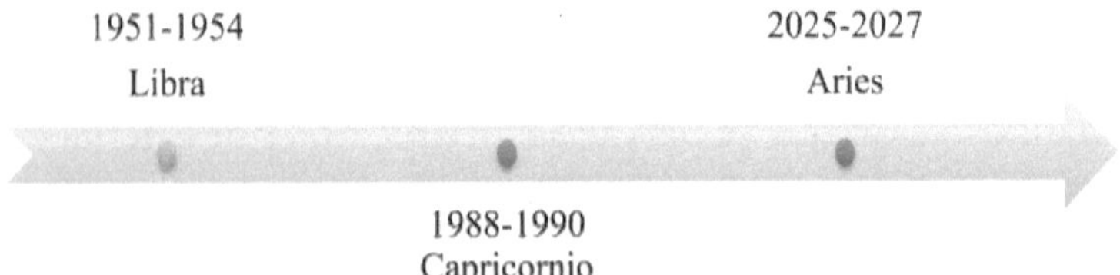

Ciclo en vigor

La última conjunción se dio en 1989, y las generaciones nacidas en esa fecha marcan las pautas, acorde al ciclo, de la política interior y la forma de regular y aplicar las leyes y sus límites (Saturno), así como todo lo vinculado a las ideologías (Neptuno). Anteriormente, el ciclo siempre había tenido una connotación vinculada al comunismo, de ahí que con esa conjunción, en 1989, cayera el muro de Berlín, y en su otra vertiente, relacionada con los colectivos o situaciones en situación de desprotección.

De ese año tenemos como sucesos vinculados los siguientes:

- Se aprueba el Protocolo de Montreal, ratificado por 29 países y la CEE (Comunidad Económica Europea), para proteger la capa de ozono.
- En la República Federal Alemana, el Gobierno prohíbe el partido neonazi NS.
- En España, el Consejo de Ministros aprueba la plena incorporación de la mujer a todas las armas, cuerpos y escalas de las Fuerzas Armadas, aunque no tiene obligación de cumplir el servicio militar.
- En Hungría se legaliza el derecho a la huelga. Es el segundo país de la Europa del este que lo reconoce, tras Polonia.
- Ratificación española del Convenio Europeo para la Prevención de la Tortura y los Tratos Inhumanos o Degradantes.
- La caída del Muro de Berlín.

Así, hemos tenido:

- Sextil de ida entre ambos en 1995 y 1996.
- Cuadratura de ida entre ambos en 1998 y 1999.
- Oposición en agosto de 2006.

- Cuadratura menguante en el 2015 y 2016 (ya sin resultados productivos, porque el ciclo está muriendo, y todo lo que no se consiguió en la fecha de la oposición previa está destinado a no funcionar, a no ser que sea para enmendar, corregir o revisar sucesos acaecidos en la oposición y en todo el ciclo creciente de la conjunción, es decir, desde 1989 hasta 2006).

Llama la atención, por ejemplo, el caso de Natascha Kampusch, una joven que desapareció en marzo de 1998 (con la cuadratura de ida entre ambos planetas; tenía nueve años) y que encontraron sana y salva en agosto del 2006, justo con la oposición, ocho años después. Ese caso fue uno de los casos policiales más impactantes del mundo, porque la joven austriaca había permanecido secuestrada todos esos años.

La joven nació en 1988, el año del ciclo correspondiente al inicio de la conjunción planetaria entre Saturno y Urano (límites y la libertad), estudiada anteriormente a este ciclo.

Ciclo futuro

La próxima conjunción **será con influencia ya entre el 2025 y el 2027**, marcando los nuevos límites y reglas en la política de los países, en relación a la situación de los colectivos discriminados de alguna forma o a la falta de protección y las nuevas ideologías en el campo político. Quizás en estas fechas es cuando empieza a ir asentándose la nueva variante o adaptación de lo que se ha entendido en épocas pasadas como comunismo o socialismo, cambiando los parámetros en que se sustenta el mismo.

Ciclo planetario Saturno y Plutón
cada 33-37 años

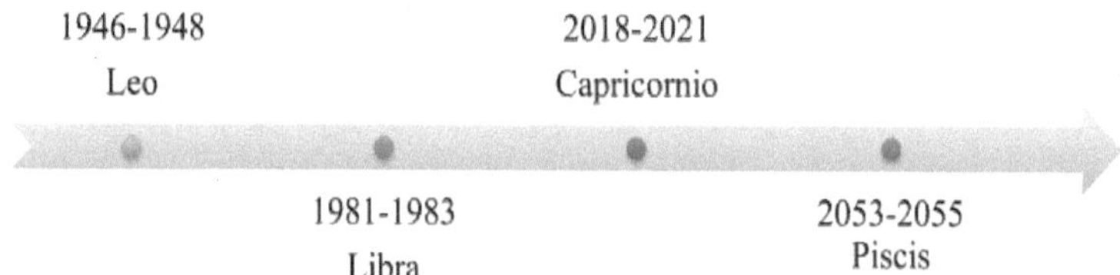

Este ciclo tiene mucho que ver con la política interior (Saturno) y las cuotas de poder (Plutón), así como su transformación y regeneración en el contexto político, y en España es especialmente significativo, como ahora veremos.

Ciclo previo en España

La conjunción anterior a la actual se produjo en noviembre de 1982, marcando el nuevo gobierno tras la transición democrática liderada por Adolfo Suárez, con el triunfo del partido socialista de la mano de Felipe González en ese mes de octubre/ noviembre de 1982. Esto marcó la nueva política en España y el auge del bipartidismo, hasta llegar a su momento de oposición en el 2001 y 2002, fecha a partir de la cual el ciclo comienza a degradarse, siendo su última cuadratura menguante (muerte del ciclo) en los años 2009 y 2010, momento a partir del cual no hay nada que hacer. Se propicia por tanto el auge de nuevos partidos políticos que van alcanzando poco a poco distintas cuotas de poder, haciendo desaparecer el bipartidismo.

Ciclo en vigor en España

El ciclo actual tuvo su conjunción exacta el pasado 10 de enero de 2020, coincidiendo con bastante precisión con el gobierno de coalición, de la misma forma que ocurrió en aquellas primeras elecciones democráticas tras la transición liderada por Adolfo Suárez. Esto marcó la nueva forma de hacer política, ya que en el anterior ciclo la conjunción se dio en el signo de Libra (tratados con otros países, propiciando el ingreso en la CEE), pero la actual se da en Capricornio, y en el caso de España, en la casa VII (los otros, los demás). Esto obliga a redefinir la política bajo un prisma de acuerdos igualmente, pero reformando toda la administración general del Estado (asunto de Capricornio), pactando o formando gobiernos con personas que no son del mismo partido político, lo que nos da ya la tónica de todos los años por venir, al menos hasta su siguiente oposición, cuando ya el ciclo comenzará a morir. Esto tendrá lugar en torno a los años 2035 y 2036; a partir de esas fechas, los gobiernos de coalición ya estarán languideciendo.

De todas formas, hablaremos después de este ciclo, sobre todo por ser uno de los primeros que se han dado en este año **2020, año clave para la determinación del próximo sistema social, político, económico y cultural que se va a producir en los próximos años, y que tendrá su despegue definitivo a partir de marzo del 2021.**

Ciclo de Júpiter y Saturno cada veinte años

Gráfico de las conjunciones producidas en el mismo elemento

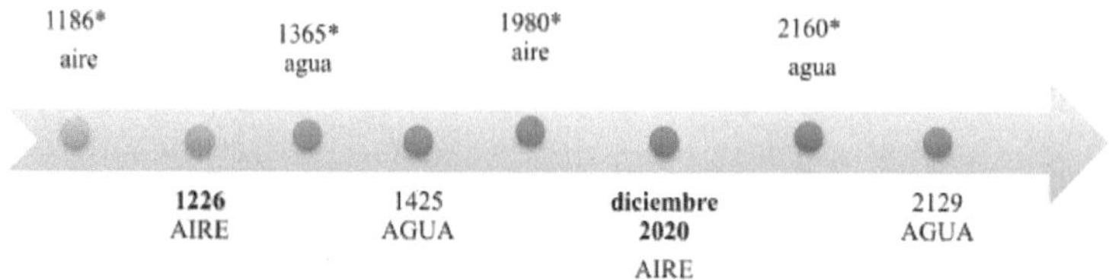

Este ciclo es de vital importancia, estudiado en la antigüedad —cuando todavía no eran conocidos los planetas modernos (Urano, Neptuno y Plutón)— con el nombre de Katún. Su principal característica es que se produce en signos del mismo elemento (en este orden: aire, agua, fuego, tierra) durante un tiempo prolongado, equivalente a algo más de 200 años (aunque los saltos definitivos suelen darse cada 240 años). Cuando se da un cambio de elemento, el salto social, político y económico es sustancial, como ocurre ahora mismo, **porque en diciembre de 2020** estos planetas volverán a estar juntos en el cielo, pero comenzando la secuencia en los signos de aire otra vez. Se trata de algo que no se producía desde hace 800-834 años, exceptuando una pequeña inclusión en el signo de Libra en el año 1980 y 1981, como una avanzadilla de lo que está por venir a finales del año 2020.

Y este es el motivo de que el año 2020 haya sido considerado por diversos astrólogos como **el año de la gran mutación**, donde todos los eventos que ocurren son para generar las condiciones idóneas para el gran cambio social, económico y político que está por venir. Y lo más significativo que ha pasado este año es la pandemia del Covid, creando las condiciones idóneas para que ese cambio se produzca.

Cuando estos planetas se encuentran de nuevo en signos de aire, se produce un trasvase de la hegemonía de los países hacia la zona oriental, marcando ya las pautas de lo que está por venir.

Y es que estos planetas son los llamados cronocratores, que regulan las leyes (Júpiter) y las ejecutan o velan por su cumplimiento (Saturno).

Aparte de ello, podríamos decir que este ciclo de 20 años, que comienza ya la secuencia ininterrumpida de próximas conjunciones en signos de aire, está impregnado de las características de los elementos de aire: Libra, Acuario y Géminis (la que se producirá en diciembre del 2020 será en Acuario), signos vinculados al temperamento sanguíneo y a las relaciones humanas, así como a asuntos vinculados al conocimiento y a la cultura de los países, que por consiguiente revolucionarán tanto el comportamiento de los seres humanos (nuevas formas de relacionarse) como la comunicación entre los mismos. En 1980 y 1981, con esa avanzadilla en signos de aire —esta vez en Libra— fue el desarrollo de Internet, exactamente en 1983, tras la conjunción.

Volveremos a hablar de este ciclo en el último capítulo, ya que a finales de este año 2020 terminamos con una etapa de conjunciones en signos de tierra (materia, lo tangible, la productividad) que ha durado desde 1842 (con una pequeña inclusión en signos de tierra de 1801 hasta 1821) y llegamos a los signos de aire (mente, el conocimiento, lo social y la comunicación).

Es decir, se trata de un cambio de paradigma **tal y como se dio hace más de 200 años, pero volviendo a un elemento que no se daba desde hace 800 años.**

Ciclos menores

Estos ciclos son ya de menor duración, por lo que haremos una descripción básica de sus significaciones generales. Así, tenemos:

Ciclo planetario Júpiter/Urano
cada catorce años

Ciclo que tiene que ver con la expansión, el crecimiento económico y las leyes al efecto (Júpiter), así como con la innovación, ciencia, y cultura humana y el grado de libertad/liberalismo (Urano).

En el año 1997 se produjo una conjunción entre estos planetas. Se trata de un año que está encuadrado dentro de ciclo de conjunción entre Júpiter y Saturno producido de 1980 al año 2000. Estos fueron unos veinte años de "avanzadilla" en signos de aire, que es lo que pasará definitivamente a finales del 2020.

Y esto lo comentamos porque ese mismo año —1997—— fue cuando se anunció la clonación de un mamífero (la oveja Dolly). Es decir, un avance científico donde se nos plantean los alcances de toda evolución y desarrollo científico. Porque la cuestión de clonar a un mamífero lleva implícita la capacidad de clonar a un ser humano, lo que plantea una nueva forma de pensar (ya no se trata de productividad o de materia, sino de raciocinio y de conciencia). Recordemos que unos meses antes, en 1996, tuvo lugar el sextil del ciclo planetario entre Urano y Plutón, momento de la clonación. Como se ve, es el ciclo de Júpiter/Urano el que "anuncia el evento" a la sociedad, y lo "legaliza" Júpiter, la ley.

Estos ciclos marcan los momentos de expansión en la economía y sus declives. Por eso **suele convenir emprender cuando se producen las conjunciones**, pero no hay que olvidar cómo está el cielo en el momento de la conjunción, y si hay buenos o malos aspectos de otros planetas, porque, por ejemplo, en la producida en el año 2010, el cielo estaba muy tenso.

En este gráfico para veinte años se puede ver el momento de la última conjunción y el momento de la próxima conjunción. Hay que tener en cuenta que cuando nos encontramos justo a la mitad de un ciclo, es decir, entre dos ciclos (por ejemplo, en el gráfico, entre el 2016 y 2017) el ciclo ya empieza a morir y a ser restrictivo, comenzando su fase de declive:

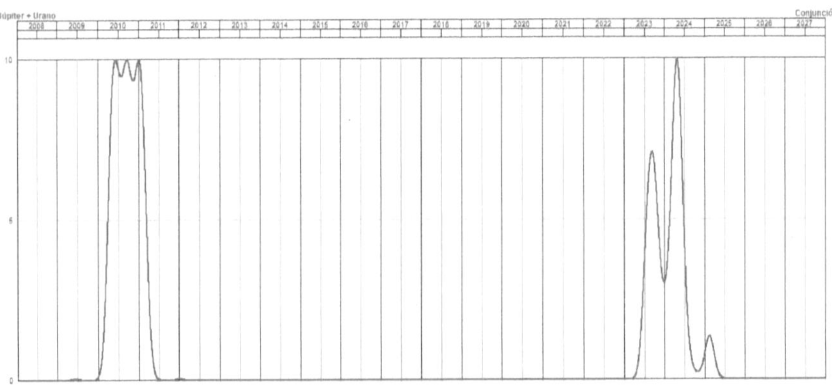

La próxima conjunción la tendremos en **septiembre del 2023, exacta en abril del 2024,** marcando el inicio de la recuperación económica y avances en el mundo de las ciencias y la investigación. Será algo realmente importante, porque se irán renovando patrones como los iniciados en 1997 (la disyuntiva entre la conciencia y la ciencia, hasta donde debe llegar el ser humano), dado que estamos ya en un ciclo con los cronocratores en signos de aire, y hemos de combinar este ciclo con ciclos superiores.

Ciclo planetario Júpiter/Neptuno
de 11-13 años

El ciclo marca los avances en las leyes, la jurisprudencia (Júpiter) y los colectivos marginados o las ideologías y creencias (Neptuno). Igualmente es un ciclo que tiene mucho que ver con los momentos de paz (conjunciones y buenos aspectos) y con los momentos de falta de paz (sus cuadraturas y momentos tensos).

Por ejemplo, en la conjunción de 1997 se produjeron diversos acuerdos de paz entre Palestina e Israel (la retirada de Hebrón) y ese mismo año el IRA comenzó a dialogar con el Gobierno de Irlanda.

En la producida en el año 2009 y 2010, en el caso español nos trajo un poco después, para el 2011, las declaraciones de ETA decretando el cese definitivo de su actividad armada.

La próxima conjunción **se dará en el 2022**, reactivando de nuevo la consecución de la **paz sobre prismas nuevos**. Además se dará en el signo de Piscis (23°58), un signo donde Júpiter se encuentra esencialmente dignificado. No tiene además malos aspectos de otros planetas que intervengan, teniendo tan solo aspectos armónicos a los nodos y un sextil a Plutón, así que es probable que **tengamos buenas noticias en cuestiones vinculadas a la paz** de los pueblos o similar, y el ciclo, que durará del 2022 hasta el 2033, dará un clima general de tranquilidad.

Ciclo planetario Júpiter/Plutón
cada trece años

Este ciclo tiene que ver con el crecimiento económico (aparte de las leyes) y las cuotas de poder, su regeneración o su destrucción, así como las leyes vinculadas a todo lo que rige Plutón (mortandad, eutanasia, etc.). Es un ciclo que **se ha producido este mes de abril de 2020** (ya hemos visto sus efectos a nivel económico), pero que al ponerse Júpiter retrógrado después, volverá a producirse de nuevo en **noviembre de 2020**. Para esa ocasión, la configuración será muy complicada. Además, con la interrelación de otros planetas la conjunción tendrá un aspecto muy tenso, por lo que podríamos determinar que el mes de noviembre y sus tres meses sucesivos serán muy tensos en estas cuestiones.

Ciclos de dos años

Ahora pasamos a analizar los ciclos de cada dos años. En estos casos sería necesario hacerlo con la carta de las coordenadas de la zona que se está estudiando, ya que al ser ciclos tan cortos, con planetas que pueden tomar diversas analogías, conviene conocer la casa astrológica donde se produce la conjunción exacta, así como los aspectos que hay involucrados con otros planetas, para saber exactamente cuál es el escenario realmente afectado. De todas formas daremos alguna somera interpretación.

Ciclo planetario Marte/Plutón cada dos años

Ciclo de actividad, los emprendedores, las actitudes arbitrarias y de iniciativa, ejército y las fuerzas de seguridad al servicio de un país (Marte) y su vinculación con todo lo relacionado con las cuotas de poder, muerte o transformación profunda (Plutón), así como desastres y desgracias o accidentes en general.

Este ciclo se dio también en **marzo de 2020,** trayendo las cifras de fallecidos por el Covid y **la enorme actividad de nuestros sanitarios y agentes del orden,** y esto ha sido porque este mes de marzo se han dado diversos ciclos a la vez, que se han ido sumando de forma drástica al suceso que hemos estado viviendo —y todavía vivimos— a nivel mundial.

Es decir, no se interpreta igual un ciclo vinculado a Marte y Plutón, que se produce cada dos años, dado que siempre se da con otros ciclos combinados que hay que sumar, como ocurrió este mes de marzo y abril de 2020 con un total de cuatro ciclos activos (que se ha dado junto con el ciclo de Júpiter y Plutón; Marte y Saturno; Marte y Júpiter).

Ciclo planetario Marte/Neptuno cada dos años

Tiene que ver con un ciclo de actividad (por Marte) a desarrollar en cuestiones instintivas e inspiradoras (por Neptuno), donde de forma pasional y enérgica se vuelcan los esfuerzos en algo que preocupa (Neptuno tiene la facultad de generar caos, y a veces confusión).

Esta conjunción se dio el pasado 13 de junio 2020. Por el lado positivo, es buena para enfocarse en trabajos de laboratorio, investigaciones y búsqueda de vacunas y antibióticos. En el caso de España, la conjunción se ha colocado en Piscis y en la cúspide de la casa VI (las enfermedades y la casa del servicio público), con buenos aspectos al regente clásico del signo (Júpiter), pero con una tensión al Sol posicionado en la casa IX (los viajes al extranjero o de los extranjeros, y asuntos de inmigración). Por tanto, es posible pensar que pueda haber rebrotes de enfermedad, que hagan que el tema del turismo y la inmigración se resienta por culpa de ello.

Ciclo planetario Marte/Urano cada dos años

Este ciclo comenzará de nuevo **el 20 de enero del 2021**, a 6° de Tauro y en casa IX de España, recibiendo una cuadratura separativa de Saturno, aplicativa de Júpiter y del Sol, desde la casa V de España, aparte de una conjunción aplicativa de la Luna que viene de la casa VIII.

Es una configuración **muy tensa** entre planetas de naturaleza algo violenta o abrupta (tanto Marte como Urano), que se produce en el escenario de las leyes y la jurisprudencia, así como el extranjero, los viajes largos o lejanos, los congresos o las convenciones vinculadas al conocimiento. Por otro lado, se activa el escenario de las especulaciones, el ocio, los espectáculos festivos o recreativos y los actos de disfrute.

Así que habrá que tener precaución para ese día y para cuando se active el ciclo de nuevo, al ponerse esos dos planetas de nuevo en aspecto, es decir, en fecha cercana **al 3 de julio de 2021** (cuadratura creciente), en fecha cercana al **18 noviembre 2021** (oposición) y en fecha cercana al **23 de marzo del 2022.**

Ciclo planetario Marte/Saturno
cada dos años

Este ciclo, a pesar de su corta duración, es también de vital importancia porque vincula a los dos planetas que en la antigüedad eran denominados "maléficos", y que cada vez que se unen marcan un punto en el Zodiaco bastante afectado por sus influencias, en grado crítico, donde a nivel social y personal ocurren hechos que no son muy esperanzadores.

La última vez que se han unido en el cielo ha sido también a **principios de abril de 2020**, en el grado 0° 40 de Acuario, un punto sensible durante dos años, que además:

- Coincide con el lugar donde se pondrán juntos en el cielo Saturno y Júpiter en diciembre del 2020.
- Coincide, en el caso de España, con el ascendente (la nación española, la disposición de sus habitantes) del ingreso solar en el signo de Aries la pasada primavera del 2020.

Por ello, España en concreto es una zona sensible durante todo el 2020 y algo del 2021, al menos hasta el segundo trimestre del 2021 donde comenzará un nuevo ingreso solar en el signo de Aries y dejará de estar este ingreso solar activo.

Ciclo planetario Marte/Júpiter cada dos años

Otro ciclo producido en el **mes de marzo de 2020**, generando una carga adicional a todo lo anterior. En este caso se ha manifestado en el trabajo militar y de servicios se seguridad, así como el servicio quirúrgico (Marte) con motivo de las leyes y la economía (Júpiter) producidas por el estado de alarma ante la pandemia.

Las fechas que se activan vinculadas a este ciclo son:

- Cuadratura de ida = en agosto 2020, nuevo momento de tensión.
- Oposición = junio y julio de 2021, cenit. Lo máximo que podremos salvar.
- Cuadratura de vuelta (declive) = octubre, noviembre y diciembre de 2021. Degradación del ciclo, lo que no tiene solución ya.

Ciclos de un año de duración

Hay también otros ciclos que tienen **una duración anual**, similar al ingreso solar en Aries, debido a que participan planetas interiores (de órbitas inferiores a la Tierra) y que solo mencionamos de forma simplificada. Estos son:

- Venus y Plutón: la última fue el 13/12/19 en casa IX. Las noticias de ese día que encajan con un suceso "festivo o de concordia" (Venus) relacionado con las cuotas de poder (Plutón) y en el escenario de la ley y los jurados, tanto en España como en Inglaterra, fueron:
  » Se declaró mayoría absoluta para Boris Johnson con el tema del Brexit.
  » La fiscalía cambia de criterio y decreta la libertad de los CDR.

- Venus y Neptuno: la última fue el 27/01/2020, para España en el escenario de la casa VII (los acuerdos, los demás, los socios y los contrincantes declarados). En este caso "la concordia" (Venus) se dio en asuntos difusos o de necesidad (Neptuno), porque las noticias que salieron en prensa fueron:
  » Casado (PP) apoyó la subida del salario mínimo propuesta por el Gobierno (PSOE /UP).
  » Sánchez (PSOE) renunció a reconocer a Guaidó (oposición en Venezuela) en el pacto con PODEMOS.

- Venus y Urano: la última fue el 8/03/2020, para España en el escenario de la casa VIII (crisis, transformación, mortandad). En este caso "la concordia, y mujeres" (Venus, que además también significa mujeres) se dio en asuntos de reivindicaciones y libertad (Urano) y en ambiente festivo y para las mujeres (por Venus) con un hecho muy significativo en el día:
  » La manifestación del 8M, que tristemente, dado que el Covid ya estaba en el país, facilitó la propagación del virus, muy vinculado al escenario de la casa VIII.
- Venus y Saturno: la última fue el 11/12/2019. Para España, cayó en el escenario de la casa I (la propia nación). Vemos que el ambiente de "concordia, relaciones" (Venus) con Saturno (el Gobierno, y los estamentos, como puede ser la Monarquía) se dieron ese día con esta noticia que salió en la prensa y que entrecomillo tal y como aparece:
  » "El rey Felipe VI finaliza este miércoles 11 de diciembre su ronda de consultas con los líderes de los partidos políticos con representación parlamentaria, una ronda que previsiblemente terminará con el encargo al presidente del Gobierno en funciones, Pedro Sánchez, para que se presente de nuevo a una sesión de investidura".

- Venus y Júpiter: la última fue el 24/11/2019 en casa X para España. El escenario del Gobierno, pero también de todo lo que es visible al mundo, de todo lo que es exitoso, el éxito y la "imagen" del país, y algo que está vinculado a la economía, a las artes y creaciones artísticas, al disfrute y placer. Y como son dos benéficos juntos, donde Júpiter además se encontraba en su domicilio (Sagitario) y recibiendo a Venus, algo ocurrió vinculado a premios y buenas noticias para la imagen de España. Pues bien, la noticia más destacada que supuso el éxito del país, de España, y que está perfectamente vinculada a esta conjunción, y sobre todo por el escenario donde cae, sin tensiones además de otros planetas, fue:

» España ganó la Copa Davis por sexta vez. Entrecomillo para indicar el texto concreto de la noticia en la prensa: "La victoria de un soberbio Rafa Nadal ante Denis Shapovalov pone el segundo y definitivo punto para España, que consigue ante Canadá su sexta Copa Davis".

- Venus y Marte. La última fue el 24/08/2019 en Virgo y final de la casa VII para España. En este caso, Venus se encontraba en un signo no afín a él (en caída, decimos los astrólogos), y no se podía lucir muy bien, yendo ambos a una cuadratura amplia con Júpiter quien tampoco ve bien lo que le llega de Virgo (se exilia allí, decimos los astrólogos). Ambos, benéficos, debilitados, estaban al lado de Marte (la discusión o la confrontación, la falta de acuerdos). En este caso, la noticia que salió ese día, también vinculada a los acuerdos y pactos con terceros de la nación, fue la siguiente:

» "Sánchez no negociará con Iglesias hasta el final y descarta una coalición".

» "Sánchez rompe la norma de evitar los recursos contra el ejecutivo catalán".

- Mercurio y Plutón: la última fue el 12/01/2020, donde Mercurio (los pactos, apretones de manos con motivo transaccional o de interés comercial, las firmas y los documentos) llega al lugar exacto de Plutón (el poder) y anda muy cerca el Sol (Gobernante) y Saturno (el gobierno, la estabilización). Esa conjunción cae en el escenario de la casa XI (la cámara de representantes, el Congreso y los proyectos en común). Las noticias de prensa de ese día fueron:

  » "La mayoría cuestiona la cohesión del Gobierno pero apoya sus planes".

  » "Sánchez cierra su Gabinete con tres nuevos ministros de perfil político".

- Mercurio y Neptuno: la última fue el 4/04/2020, en el signo de Piscis (donde Mercurio tiene su caída y exilio) y en la casa II (el escenario de la economía y los recursos de los que dispone el país). Estos dos planetas, significadores por un lado, de las noticias y comunicación (Mercurio) y de las infecciones, enfermedades y el caos (Neptuno), reflejan esa situación acaecida en España tras el primer estado de alarma, donde el tema del material sanitario (recursos del país) toma relevancia. Transcribo una noticia del periódico *El Mundo* de ese día:

  » "El Gobierno recomienda ahora el uso de mascarillas en la calle"; "Pedro Sánchez se protege. El presidente del Gobierno visitó ayer una empresa que fabrica respiradores en la localidad madrileña de Móstoles, y apareció con mascarilla y guantes por primera vez desde que se inició la pandemia".

>> "La Comunidad de Madrid activa un plan de rescate para los autónomos".

>> "Serafín Romero, presidente de la OMC: 'Tardaremos meses en reconstruir el sistema sanitario' ".

- Mercurio y Urano: la última fue el 1/05/2020, en Tauro al final de la casa I para España. Las noticias de prensa de ese día en todos los periódicos fue el anuncio de la desescalada en cuatro fases a partir del 4 de mayo.

- Mercurio y Saturno, fue el 12/01/2020 y en casa XI, como la conjunción con Plutón, y con significaciones muy parecidas. Solo cambia que ya no se describe la lectura desde el punto de vista del poder, sino por el Gobierno en sí. Se aplican el mismo tipo de noticias para ese día.

- Mercurio y Júpiter, fue el 2/01/2020 en el escenario de la casa VII. Son acuerdos o pactos comerciales o transaccionales, así como asuntos de transportes y vinculados a las leyes y a la economía en general. Un ejemplo de noticia con esa característica para ese día, fue la siguiente:

>> "Hoy entra en vigor en Barcelona la Zona de Bajas Emisiones (ZBE), que veta la circulación de 55 000 coches contaminantes".

- Mercurio y Marte. La última fue el 3/09/2019; muy importante, porque a la misma se unió la conjunción del Sol y de Venus y cayó en el signo de Virgo, y en la casa VIII con las coordenadas de la capital de España. No he encontrado alguna noticia reseñable de ese día, pero quizás es comprensible, porque la casa VIII tiene una connotación de casa oculta y puede que no saliera a la luz pública. En cualquier caso debió de ser algo relativo asuntos financieros, a la deuda pública del país o a asuntos de mortandad, por ser esa casa el escenario de esos asuntos.

Respecto a las conjunciones del Sol, tienen una dinámica similar a las anteriores, pero sobre todo es reseñable cuando vemos ingresos solares en Aries, donde el Sol está en conjunción estrecha con algún planeta superior. Por ello, cuando se producen ingresos de planetas superiores al signo de Aries en fecha coincidente con la primavera (o el otoño en el hemisferio sur), suelen ser años claves, dado que el Sol es análogo al dirigente, presidente, jefe de estado o persona destacada del país. Y lo veremos ahora en un ejemplo, dado que el general Franco tuvo mucho peso en el país.

Observamos que en el comienzo de la primavera de 1892, el Sol se encontró con Júpiter a menos de 1°, y esto no volvió a ocurrir hasta la primavera de 1975. Pues bien, la de 1892, se corresponde con el año de nacimiento de Franco, y la sucesiva de 1975, con el año de fallecimiento del mismo.

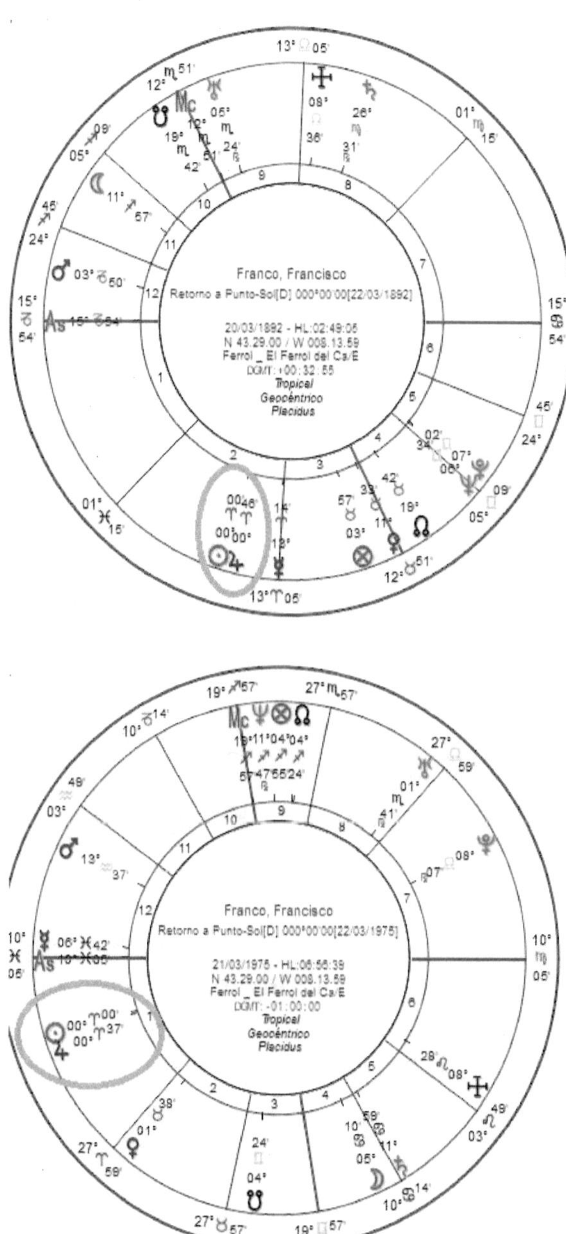

Como se puede ver en el ingreso del Sol en Aries de 1975, algo significativo debía de pasar respecto al máximo dirigente. Su conjunción con Júpiter en un signo regido por Marte, posicionado en la casa XII (casa de las enfermedades crónicas), quien a su vez estaba dispuesto por Saturno exiliado en Cáncer y en casa V, que por derivadas es la VIII de la X (es decir, la muerte del dirigente del país, en este caso), que va a recibir una cuadratura de ese Sol y Júpiter, fue el suceso más destacado del año. Es curioso comprobar también que la Luna (el pueblo, en Astrología Mundial) del ingreso en Aries de 1892 para el país, estaba a casi 12º de Sagitario, y Franco nació unos meses después con el Sol (dirigente en Astrología Mundial), a 12º de Sagitario.

No hay que olvidar, en todos estos ciclos, la observación del signo y la casa donde se produce la conjunción (en este segundo caso, calculada para la localidad de interés).

Lunaciones y eclipses

Estas últimas conjunciones a analizar (las de más corto periodo) suelen ser catalizadores o detonadores de sucesos donde se vinculan las luminarias entre ellas, tanto el Sol (estrella) como la Luna (satélite) —que a efectos prácticos los astrólogos denominamos también planetas— y que, como sabemos, se unen en el cielo en algo menos de un mes (Luna nueva), para tener su máximo cenit o esplendor casi a mitad de mes (Luna llena), momento a partir del cual el ciclo Sol/Luna empieza a decrecer. Estos influyen enormemente en los individuos y en su estado emocional y de afirmación personal, asuntos que, cuando se refieren a los dirigentes de un país o de grandes empresas, marcan los tiempos e influyen indirectamente en nuestras vidas.

Y desde este punto de vista es conveniente estudiarlas, lo que adquiere una dimensión mayor cuando en esas conjunciones (Luna nueva) u oposiciones (Luna llena) entre estos dos cuerpos celestes, se produce también un eclipse (tanto solar, en el caso de las lunas nuevas, como lunar, en el caso de las lunas llenas) tal y como explicamos en el ejemplo de la exhumación de Franco anteriormente mencionado en el libro.

Aquí como ejemplo, el eclipse del pasado 10 de enero de 2020 en Omán, Oriente Medio:

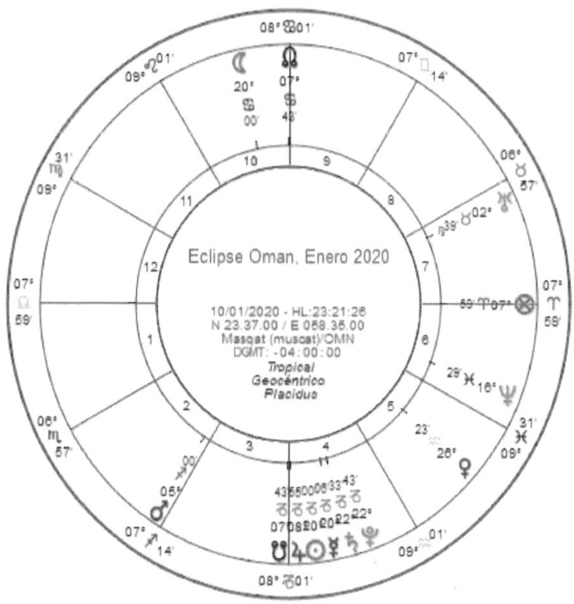

Donde se observa lo siguiente:

- Las luminarias caen en casas angulares; hay que recordar la importancia de la cardinalidad de los ángulos.
- Al ser un eclipse lunar (una oposición de las luminarias cerca de los nodos) la luminaria que es eclipsada por tanto es la Luna, que está en casa X, el escenario de los dirigentes o del Gobierno del país.

La noche del viernes de ese día 10/01/2020, falleció el sultán de Omán, Qabús bin Said, a la edad de 79 años (la edad de los años mayores de Júpiter, dicho sea de paso, aunque eso se merece otro libro).

Capítulo V

Una aproximación a los líderes políticos en Astrología Mundial

No puedo dejar de mencionar algo que me parece muy interesante en Astrología Mundial, y que no he visto explicado por otros astrólogos. Se trata de la conexión que se produce entre los presidentes de los países y la situación que está viviendo el país que van a dirigir. Parece algo sencillo de detectar, aunque cuenta con el inconveniente de que hay que tener un juicio uniforme entre todos los astrólogos sobre el estado en que se encuentra un país en un momento dado, lo que no es fácil, porque lo que a uno le puede parecer un periodo de calma, a otro le puede parecer un periodo de falta de oportunidades.

Pues bien, en astrología, la casa I en una carta natal (la de cada uno de nosotros) habla de nuestras tendencias biológicas y disposiciones hereditarias, entre otras cosas. De hecho ahí están representados dos de nuestros abuelos o la profesión de uno de nuestros progenitores, y todo eso marca por ello la herencia que recibimos y que afecta indirectamente a nuestro temperamento, carácter o personalidad natural.

Con igual analogía, cualquier país tiene también su herencia biológica, que en su caso, se va modificando y adaptando con el paso del tiempo. Así, el país puede ser en determinados momentos históricos una dictadura o una democracia, una monarquía, una república, etc. Es decir, el país no muere, sino que se adapta continuamente a cada momento vivido y la nación se va redefiniendo continuamente y adquiriendo nuevas "tendencias hereditarias".

Y cuando el candidato a dirigir un país al final acaba siendo presidente, se puede detectar que eso ocurre cuando la propia herencia biológica del candidato coincide o sincroniza sutilmente con la herencia biológica del país que le deja el anterior presidente. Y a lo anterior se añade también que los candidatos suelen tener ciclos planetarios marcados en su propia carta natal, que encajan también con un ciclo de iguales características en ese momento histórico que le tocan vivir como presidentes.

Es decir, que cada presidente llega solo cuando lo pide el ciclo planetario al que está supeditado, y únicamente cuando el país esté pasando o haya pasado situaciones similares a la propia herencia biológica que tiene el presidente en su carta natal.

Veremos por tanto las cartas natales de todos los presidentes que ha tenido España desde la Transición, para que se entienda este "método de anticipación" de futuros presidentes en cualquier nación.

El primer presidente que tuvimos en España tras la muerte de Franco fue Adolfo Suárez. Observamos que, en su carta natal, el ascendente de Adolfo Suárez, su biología, sus tendencias hereditarias particulares, sincronizan perfectamente con el momento que acababa de vivir España cuando fue investido presidente, así:

- Tiene un ascendente Escorpio: había habido un fallecimiento, el de Franco, y una etapa de profundas reformas, todo ello escenario del signo de Escorpio. Era la España que él heredaba, que sintonizaba perfectamente con su propia herencia biológica marcada en su momento de nacimiento.

- Tiene el regente del ascendente, Marte, en la cúspide de la casa IX (las leyes) y en un signo como Leo (la realeza); es decir, se acaba de restaurar la monarquía en la figura del rey Juan Carlos.

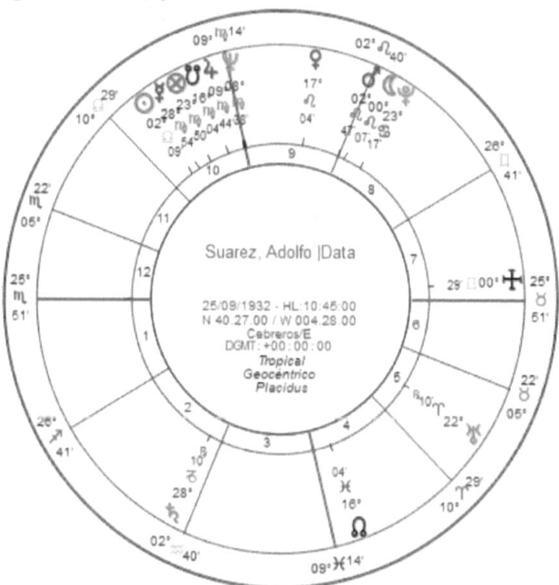

El segundo presidente que tuvimos fue Leopoldo Calvo Sotelo, donde observamos lo mismo, en cuanto a la sincronía del ascendente con el momento histórico que pasa España:

- Tiene un ascendente en Acuario, el signo vinculado a la cámara de representantes, y tiene a Marte (el militar) justo en la cúspide del ascendente, indicando ese golpe de Estado sin éxito que se produjo en el momento de su investidura. Júpiter estaba cerca, indicando ese proceso previo que se había vivido donde se habían iniciado ya muchas reformas como la legitimación del Partido Comunista en abril de 1977, las elecciones democráticas de junio de 1977, a través de las cuales se iniciaron los trámites para elaborar la Constitución española y leyes como la de la amnistía de los presos y el pacto del olvido.

- El regente de su ascendente, Saturno, situado en el signo de Escorpio y en la casa IX, es digno representante de todo lo anterior (profundas reformas gubernamentales en la casa de las leyes), observando además que ese Saturno, a 24°52` de Escorpio, es prácticamente donde estaba el ascendente del dirigente anterior (a 25°51 de Escorpio).

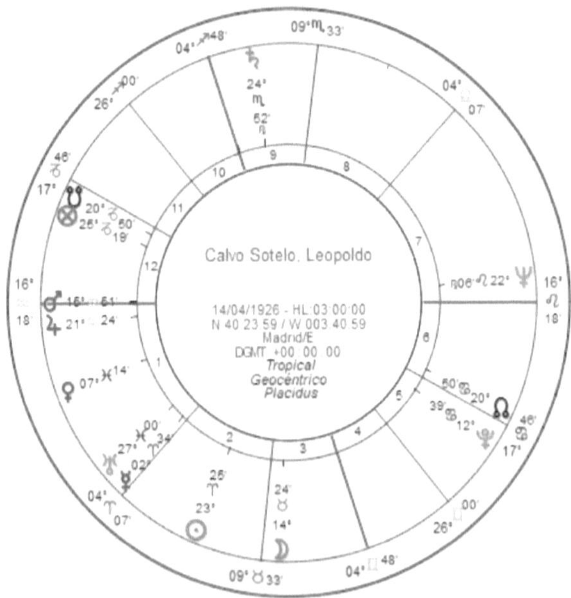

El tercer presidente fue Felipe González. Podemos observar en su carta natal lo siguiente:

- El ascendente es Capricornio, reflejo de la estabilidad lograda tras el golpe de estado, donde la monarquía, de la mano del rey Juan Carlos, ganó puntos al desaprobar el citado golpe de estado. Está además a principios de signo, indicando el inicio de la estabilidad en el país.

- El regente del ascendente, Saturno, se encuentra a 23º de Tauro, en la casa V, la casa de las elecciones democráticas, y con una concentración de planetas ahí indicando la diversidad de CCAA que había y la puesta en marcha de los distintos estatutos de autonomía por zona geográfica (muy de Tauro, la tierra). De hecho, trece de ellos ya existían antes de su llegada a la presidencia, como son: País vasco, Cataluña, Galicia, Andalucía, Principado de Asturias, Cantabria, la Rioja, Región de Murcia, Comunidad Valenciana, Aragón, Castilla la Mancha, Canarias y Navarra.

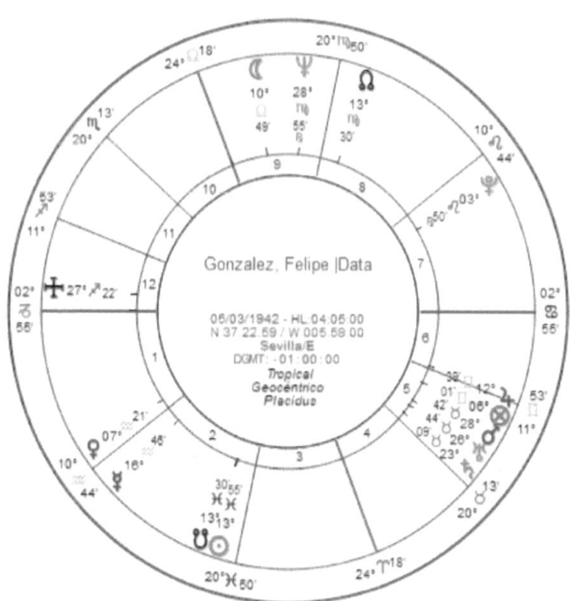

- Felipe González nació en el ciclo de inicio de la conjunción planetaria de Saturno con Urano (1986-1989). Al verse en su carta una aplicación de Saturno a Urano, eso nos indica que él podría salir a escena antes del comienzo de ese ciclo. Hay casi 4° de orbe entre estos dos planetas en su carta; casi cuatro años antes del comienzo de influencia del ciclo (1986) podría aparecer.

El cuarto presidente fue José María Aznar. Observamos lo siguiente en su carta natal:

- Ascendente en Acuario, con el nodo norte, y el Sol más avanzado en esa misma casa en el signo de Piscis. Esto refleja los variados años de reformas que se habían ido produciendo tras la transición española, y variados por la extensión del ascendente, que abarca en el sistema de placidus casi 17° de Acuario, los 30° de Piscis y el primer grado de Aries, con un Sol (el dirigente) situado en la casa I, que suele salir cuando presidentes anteriores han alcanzado mayorías absolutas y largos periodos de presidencia.
- Observamos a Saturno, regente del ascendente, situado en la casa VIII, exaltado y retrógrado pero conjunto a Neptuno, que indica esas cuestiones que se habían producido en el país, previas a su presidencia, vinculadas al caso Roldán, las GAL y el Cesid.
- Observamos que Aznar había nacido cuando la conjunción de Neptuno con Saturno ya se había producido, resonando con ese ciclo planetario que se dio entre 1988 y 1990. Observamos que hay unos 3° de orbe. Aznar fue presidente desde 1996, pero ya estaba de jefe de la oposición desde 1989. Viendo el orbe podría haber

ganado en 1993, pero lo que sí se puede ver es que consiguió en esas elecciones de 1993 que el PSOE no obtuviera mayoría absoluta por tercera vez, detectándose ya una variación respecto a las dos elecciones anteriores.

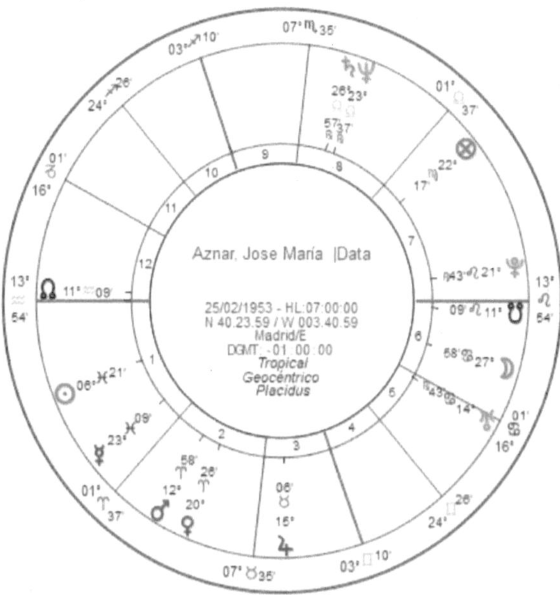

El quinto presidente fue José Luis Zapatero. Observamos:

- Un ascendente en Leo, con el Sol, muy cerca de la cúspide, indicando la expansión y crecimiento económico que se produjo con el anterior presidente, que además en su anterior legislatura había obtenido su mayoría absoluta (Sol domiciliado en su signo).

- El planeta Urano en la casa I, de influencia en la casa VIII de la carta (como regente moderno, la casa de la muerte) refleja el atentado que sufrió España tan solo unos días antes y que hizo que la opinión de los votantes cambiara de forma sorpresiva.

- Zapatero no nació en algún ciclo planetario de duración larga, y se comprende porque a partir del 2004 el ciclo de Saturno/ Plutón, que marca mucho al país de España, estaba ya en el comienzo de su declive, dado que la oposición de los mismos (y punto máximo a lograr) se había producido en el 2002 (con la llegada del euro en España).

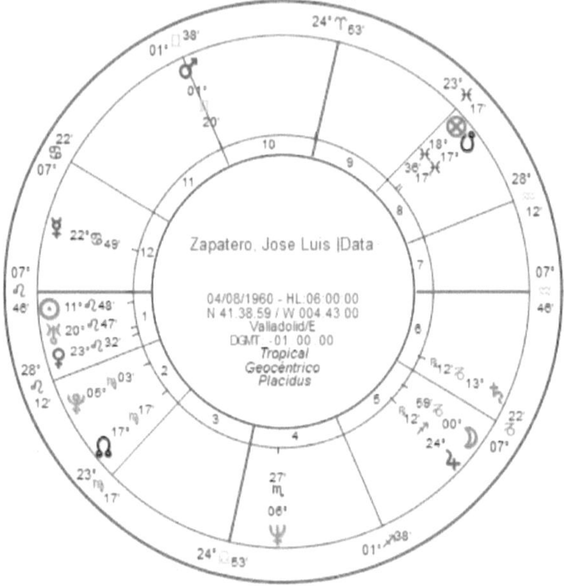

El sexto presidente fue Mariano Rajoy. Observamos:

- Ascendente en el signo de Cáncer, el signo de las familias y el hogar, en un momento donde la crisis había afectado tremendamente a la economía y al mantenimiento del hogar. La Luna, su regente, siendo significador, no solo del pueblo sino de la casa que se habita, se encontraba conjunto a Marte (empresas, emprendedores) en el pacífico Tauro (la economía y las construcciones).

- Se había producido unos meses antes en España el famoso 15 M, con el desánimo con los bancos (algo de Tauro) y los desahucios de viviendas (asunto de Cáncer) y el pueblo estaba "enfadado" (Luna conjunta al belicoso e irascible Marte, cuando se le pilla de mal humor).

- Rajoy nació en un ciclo planetario vinculado a la conjunción planetaria de Júpiter con Urano, y precisamente esa conjunción, que se da cada catorce años, se había producido en el cielo en el año 2010. Además con una configuración adicional de combinación de otros planetas bastante tensa. Aunque la conjunción es aplicativa, en realidad esta volviendo sobre sus pasos, dado que se habia perfeccionado el año anterior a su nacimiento, pero por efecto de la retrogradación de Júpiter, estaba en su tercera vuelta, lo que marca la llegada al escenario presidencial después de la misma.

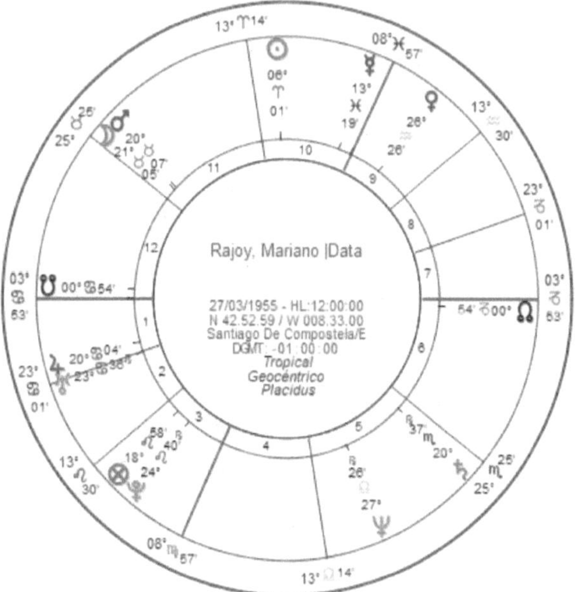

El sexto presidente ha sido Pedro Sánchez (en una primera etapa a través de una moción de censura). Observamos lo siguiente:

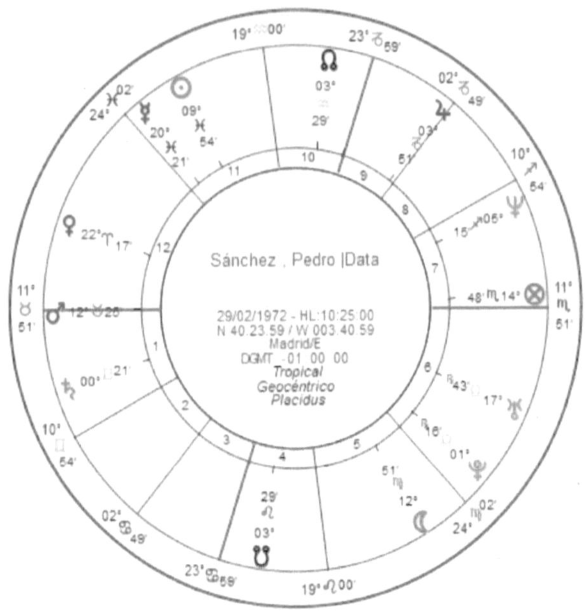

- Ascendente en el signo de Tauro (economía), un signo de tierra que indica lo que hereda del presidente Rajoy, con la consecución del rescate bancario y la reforma bancaria que supuso la fusión y absorción paulatina de muchas entidades financieras. Vemos en la cúspide a Marte, que en este caso se puede asociar al emprendimiento, pero dado que Marte está en exilio (torpe) en Tauro y que esta figura también la tiene Rajoy en su carta natal (Marte en Tauro en casa XI), puede reflejar igualmente el caso Gürtel, un conglomerado de empresas vinculado a casos de corrupción. Observamos igualmente que Júpiter en la cúspide de la casa IX (la ley) se encuentra en caída en Capricornio y Marte lo ha recibido por exaltación (Marte se exalta en Capricornio) en un aspecto de trígono, indicando las circunstancias que hicieron posible que triunfara la moción de censura, la "exaltación del caso Gürtel en las leyes".

- El regente del ascendente, Venus, se encuentra en la casa XII, que es una casa de pérdidas y de renuncias y también de cárcel, indicando los juicios condenatorios efectuados a distintos empresarios como puede ser Correa o al tesorero del PP (asunto de Tauro, la tesorería), Luis Bárcenas.

La séptima presidencia se realiza mediante un gobierno de coalición, donde Pedro Sánchez, presidente desde la moción de censura, forma gobierno gracias a la coalición con Pablo Iglesias, presidente del partido Unidas Podemos, donde observamos:

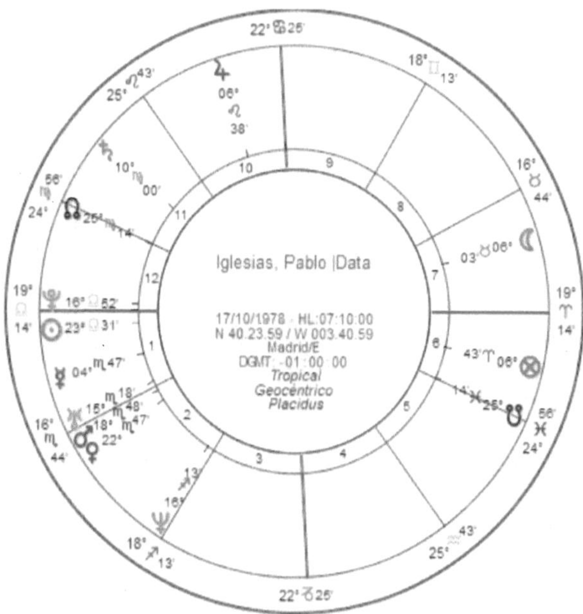

- Asciende el signo de Libra, significador de la España que hereda de Pedro Sánchez, una España con necesidad de acuerdos. El Sol se encuentra cerca de la cúspide reflejando al anterior presidente en funciones en su signo de "caída", es decir, con dificultad para gobernar solo, y con Mercurio más avanzado en el siguiente signo indicando la necesidad de pactos (Mercurio son los pactos y las negociaciones, los documentos que se firman) para formar Gobierno.

- Por otro lado, el regente del ascendente, Venus, se encuentra a su vez en el signo de Escorpio y en la casa II (los presupuestos generales del Estado, los recursos del país y la economía), exiliado y a la orden de Marte, regente de la VII, que representa en este caso a los que no son España, o no se consideran España (la casa VII es la que está enfrente de la nación española, lo que no es España). Es decir, la necesidad de pactos por parte de Pedro Sánchez para sacar adelante los presupuestos.

- Plutón está en casa XII, aunque muy cerca del ascendente (suceso que todavía no había pasado), indicando la probable llegada de una etapa complicada para el país después de la formación de este Gobierno de coalición, tal y como ya hemos visto.

PARTE 3
Los actuales cambios sociales en el devenir del mundo

Daré ahora algunas indicaciones de lo que a mi juicio serán los próximos cambios sociales con implicaciones a largo plazo, y dejo al lector el análisis del corto periodo o de poca incidencia en el tiempo (menos de dos años), para que use analogías similares a las que yo misma he realizado con los ciclos que ya están terminando.

Aunque de todas formas pongo el gráfico de **índice cíclico** para el 2020 y 2021, donde se expresa una combinación de ciclos planetarios (todos los planetas exteriores y el nodo sur) con sus conjunciones, cuadraturas y oposiciones, en la que detectamos con bastante nitidez los tiempos que se viven, según la concentración de astrodinas:

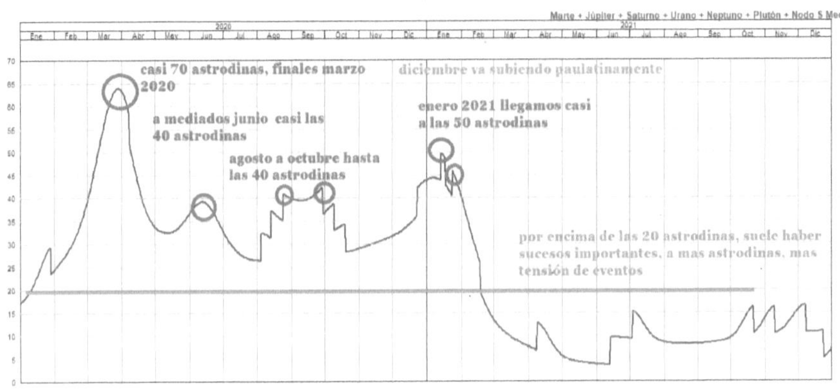

Como se puede ver, durante todo el mes de febrero y marzo 2020 estuvo subiendo la tensión, empezando a bajar en abril de forma paulatina, con un pequeño repunte en junio de 2020. A este le sucedió un mes de julio tranquilo y un nuevo repunte con interferencias en el mes de agosto y septiembre, comenzando a bajar de nuevo en octubre de forma entrecortada, para iniciar un leve ascenso en noviembre 2020 (quizás por la última conjunción que se producirá entre Plutón y Júpiter, habiendo sido la primera en abril de 2020). Este ascenso ya no pararía en su trayectoria ascendente, hasta alcanzar su máxima tensión en el mes de enero de 2021 (mes complicado) de forma entrecortada, y bajando gradualmente en febrero de 2021, llegando al mes de marzo con valores inferiores a veinte astrodinas, donde suponemos que la tensión se suavizará ya bastante. Observamos igualmente que ya desde marzo de 2021 hasta diciembre de 2021 toda la concentración planetaria estará por debajo de las veinte astrodinas, siendo unos diez meses mucho más tranquilos que los vividos durante todo el año 2020 y los dos primeros meses de 2021.

Hay que tener en cuenta que los cambios sociales, económicos, políticos y culturales se engloban dentro de determinados ciclos económicos que marcan las pautas del devenir del mundo, de forma que ciclos cortos o de menor influencia siempre estarán supeditados a ciclos de mayor envergadura. Todo tiene su jerarquía y su protocolo, que no podemos eludir.

El trabajador del conocimiento y el desarrollo de la revolución digital

Por todo lo dicho, uno de los ciclos fundamentales para entender este contexto histórico particular es el que dará inicio el **21 de diciembre de 2020**, con la conjunción de Júpiter y Saturno en el signo de Acuario, aunque ya tuvimos algún avance del mismo en los años 80. En realidad es un ciclo medio, de veinte años, pero con una particularidad muy especial, y es que a partir de ahora se van a unir de forma recurrente solo en signos de aire, habiendo por tanto un cambio al elemento aire para los próximos 200 años (240 años si empezamos a contar desde la leve inclusión irregular de 1980).

Terminamos así la etapa que comenzó en el siglo XIX (con la avanzadilla de Júpiter y Saturno en el signo de Virgo en 1802), y que luego se hace recurrente a partir de 1842, cuando los citados planetas se unieron con signos de tierra para empezar una nueva etapa histórica, con el cambio de elemento a los signos de aire.

En estos dos siglos anteriores, el elemento tierra ha dominado en todas las relaciones económicas, sociales, laborales y legales en la sociedad. El desarrollo de la primera revolución industrial (1760 a 1840) y la segunda revolución industrial (1870 a 1914) cambió enormemente los sistemas de producción, y a principios del siglo XIX el concepto de "productividad" empezó a ser definido de forma científica, produciéndose paulatinamente en estos dos siglos un salto en el crecimiento productivo, de forma que se ha pasado de una productividad por hora trabajada de 1,69 dólares en 1820 a 28,71 dólares en el año 2000.

Esto implicó una menor necesidad de horas diarias de trabajo para obtener la misma productividad, se desarrolló el control de los tiempos y la división de tareas, el trabajador empezó a adquirir habilidades en el procesamiento de las materias primas y en los procesos industriales, surgiendo lo que se vino a llamar el "capital trabajo".

Y todo ello paralelamente al desarrollo de la banca moderna, como podemos ver en con el primer banco de los EEUU de 1791, o en 1800, cuando la familia Rothschild estableció la primera banca de alcance europeo.

Las ideas de Adam Smith (el padre de la economía política) con su obra *La riqueza de las naciones* de 1776 ya se estaba consolidando, surgiendo una nueva economía adaptada a la industrialización y abandonando el llamado "mercantilismo" que había imperado en las épocas coloniales. Según esta teoría, la clave del bienestar social estaba en el crecimiento económico, gracias a la división del trabajo y la libre competencia.

Todo este contexto está muy vinculado al ciclo de tierra, donde **la ganancia está totalmente asociada a la productividad**, un hecho que se relaciona totalmente con los signos de tierra —Tauro, Virgo y Capricornio—, y de forma análoga con las casas materiales de la carta, la casa II (recursos a disposición, ya sean materiales, de financiación o humanos), la casa VI (el trabajo y la producción, la regulación y medida de los tiempos) y la casa X (la imagen social que producen esos recursos y los logros obtenidos de ellos), así como la idea del **capital del trabajo, los recursos financieros necesarios para realizar una determinada actividad.**

Pero ahora, tal y como sucedió con la primera revolución industrial que trajo esa posterior industrialización y desarrollo de este concepto de productividad, nos encontramos inmersos en una **revolución digital** (con el tiempo entiendo que se llamará la primera revolución digital, porque vendrán más), donde la productividad puede aumentar cincuenta veces en relación a los valores anteriores. Ya se está implantando lo que se ha venido a llamar el **"trabajador del conocimiento"**, un tipo de trabajador que ya no procesa materias primas en el proceso industrial, sino que **es capaz de obtener beneficio de entre toda la información que ya conoce y dispone, sabiendo así mismo qué información necesita exactamente y cómo aplicarla.**

Por ello, el concepto de productividad se rediseñará de nuevo, y lo importante ahora será el conocimiento que aporte el trabajador y no tanto su fuerza física de trabajo ni el tiempo dedicado.

Por consiguiente, la regulación del tiempo y la división del trabajo entre fuerza física, habilidad y conocimientos, que en los últimos tiempos, con la globalización, se solucionó dividiéndolo también según zonas geográficas, donde las empresas externalizaban los medios de producción en zonas alejadas del globo y dejaban la parte logística en los lugares de origen, ahora ya no funciona (y se ha visto con el caso del Covid19, donde muchos países se han dado cuenta de la dificultad que entraña el no producir su propio material sanitario).

Y esto es muy coherente con los signos de aire —Géminis, Libra y Acuario—, y por su analogía con la casa III (conocimiento práctico, comunicación), la casa VII (relaciones establecidas) y la casa XI (comunidades de gente, *polis*).

Estos tres escenarios son un reflejo de las redes sociales que se han popularizado en los últimos años, como Facebook, Twitter, Instagram, etc., donde se produce la comunicación rápida e inmediata (casa III) en las relaciones con el otro (casa VII) dentro de un grupo de gente con intereses en común (casa XI).

Y en este contexto, la productividad estará en la facultad que tenga el individuo de tomar, de entre toda esa información y ese conocimiento a su disposición "a un clic", aquella que realmente necesita, y saber aplicarla. En definitiva, viene el llamado 'trabajador del conocimiento".

Así, el **conocimiento y el procesamiento de la información acabará siendo un factor de poder**. Con el tiempo dejaremos de considerar el crecimiento económico como algo vinculado a la cantidad de bienes, propiedades, fondos y recursos de los que se disponga (el elemento tierra), para empezar a considerar el crecimiento económico en función de la cantidad de conocimiento que se disponga y en saber cómo usarlo (el elemento aire). Por tanto, la frase "el conocimiento es poder", también viene para quedarse. Y todo esto gracias a la revolución digital, que está ya a nuestro alcance.

¿Os habéis preguntado la cantidad de conocimiento que hay ya en las redes sociales o *webs* especializadas, sobre cualquier tema? ¿Se aprovecha o al ser tanta es difícil escoger la correcta? Pues por ahí vendrá la especialización del trabajador, la de separar la paja del trigo.

No hay que olvidar que ya tuvimos ciclos de aire en el pasado, pero con otro contexto histórico, lo que implica que aunque los ciclos son regulares en el tiempo y se repiten, lo hacen en forma de espiral, en forma expansiva. En cualquier caso, en el anterior ciclo de aire, que duró **desde 1226 hasta 1425** (con una inclusión antes en 1186 y otro ciclo de agua casi al final, en 1365), en España —por ejemplo, con Alfonso X el Sabio—, se empezaron a traducir muchos libros del latín al castellano, y fue la época en que se desarrolló el castellano como lengua ya de forma institucional, alejándose del uso vulgar de la misma que había imperado hasta entonces (nuevas formas de comunicación y relaciones).

Por otro lado, siempre que hay ciclos de aire, la hegemonía de los países pasa a la zona norte/oriente del mundo, y así fue en el ciclo anterior con el desarrollo del **Imperio mongol**, una sociedad donde hombres y mujeres no se distinguían y vestían igual. Y así será ahora con un trasvase paulatino de la hegemonía de occidente (que corresponde a los signos de tierra) hacia la zona oriental y norte del globo.

Aunque hoy estamos en un momento histórico muy distinto, consecuencia de la globalización (lo que no ocurría en el siglo XII y XIII), entendemos que esa hegemonía se notará de forma distinta. Podría ser incluso que, dentro de cada país, la hegemonía pasará a su parte oriental y más al norte, empezando a adquirir protagonismo nuevas ciudades y zonas situadas en esos lugares.

Nueva sociedad de valores emergentes: el ecosistema. Avances en el tratamiento contra los virus y las bacterias.

El cambio paulatino en el sistema de valores será también otra de las novedades que viviremos los próximos años, lo que está vinculado a la conjunción de Urano con Neptuno (cada 172 años), que se produjo entre 1988-1998 en el signo de Capricornio, coincidiendo con el desarrollo de Internet.

Y es que Urano es, entre otras cosas, la conciencia del hombre como individuo, el liberalismo, las tecnologías, las nuevas ciencias, y Neptuno es la trascendencia del colectivo y de su realidad cotidiana por vías espirituales, místicas o utópicas.

Si estos dos planetas se unen en el cielo, es que comienza una nueva espiritualidad adaptada a los cambios científicos y tecnológicos que estamos experimentando, donde la naturaleza y nuestro hábitat adquiere una nueva dimensión.

Y en este sentido, recordemos los avances de la generación nacida con esa conjunción que hemos vivido hace poco. Son los jóvenes de **entre 1988 y 1998,** avances vinculados a la ecología y el medio ambiente, los derechos humanos y civiles, las libertades y los descubrimientos en las enfermedades con alto grado de mortalidad. Teniendo en cuenta **que estos planetas se ponen en trígono entre julio de 2023 y mayo de 2030,** ese periodo por venir será un periodo de grandes avances en este sentido.

Hay que tener en cuenta, a un nivel más práctico, que Neptuno tiene que ver con los plásticos y los derivados del petróleo, y Urano en este sentido aporta la tecnología y los avances científicos necesarios para aportar soluciones al problema del plástico en nuestros océanos. Así, por ejemplo, ya hay en marcha sistemas que transforman el plástico de nuevo en petróleo y un sinfín de soluciones más que, poco a poco, y sobre todo entre el 2023 y el 2030, verán la luz.

Avances en la cura contra el cáncer y en nuevos tipos de energías más limpias

El ciclo de Urano y Plutón **nos traerá también, entre julio de 2022 y junio de 2030**, muchos avances en la lucha contra el cáncer y en el desarrollo de otro tipo de energías más limpias.

Hay que tener en cuenta que Urano representa, entre otras cosas, la energía. Plutón representa el átomo, y en 1996 (en el sextil entre estos dos planetas) se empezó a desarrollar lo que se llama "antimateria", tema que tendrá cierta trascendencia en unos años porque ofrece la posibilidad de producir imágenes de alta resolución para el cuerpo humano destinados a la detección de tumores de forma inmediata.

Los antiprotones también se están empezando a usar en el tratamiento contra el cáncer, de forma que se genera una energía con capacidad de destruir partículas cancerígenas. Por el momento no se ha usado todavía en células humanas (sí en animales como el hámster), pero seguramente con el trígono entre estos dos planetas empecemos a ver ya grandes avances en este tema.

También podemos ver avances en el tratamiento de enfermedades mentales tales como el trastorno bipolar o el límite de personalidad en esas mismas fechas, porque hay que recordar que en un ciclo como este empezaron a acuñarse muchos nombres de este tipo de enfermedades.

Como curiosidad, encontré que en 1996 (con el sextil) se encontró el átomo de un nuevo elemento periódico llamado copernicio (en el 2009) del que todavía no se sabe su apariencia física. Puede que en ese trígono (mediados de 2022 a mediados de 2030) se dé con la misma. En realidad, se trata de un elemento altamente radiactivo que no se produce de forma natural, sino solo de forma sintética, que únicamente dura ocho minutos (corta vida) y que probablemente exista en abundancia en otros planetas del sistema solar.

Avances hacia un nuevo orden mundial

El ciclo de Urano (liberalismo, globalización) con Saturno (límites, control) nos sugieren unos tiempos por venir marcados por el establecimiento de un nuevo orden mundial por encima de los países. El ciclo en vigor comenzó en 1988 (lo que fue dando, de forma paulatina, la creación de la CEE, el establecimiento de la moneda común en Europa, etc.), y como es de una duración de 45 años, entre el año 2031 y 2033 veremos el comienzo de un nuevo ciclo y las nuevas políticas mundiales que procurarán el establecimiento de un nuevo orden mundial.

Nueva adaptación del socialismo y el comunismo a la realidad social

El nuevo socialismo y comunismo que comenzó en el ciclo todavía en vigor, con la caída del muro de Berlín (1989), está en estos momentos en su fase de declive y de desgaste, ya que se corresponde con la conjunción de Neptuno con Saturno, ahora mismo en ángulo de 45º de vuelta, y sin nada nuevo que aportar.

La próxima conjunción **con influencia será ya entre el 2025 y el 2027**, marcando los nuevos límites y reglas en la política de los países, en relación a la situación de los colectivos discriminados de alguna forma o a la falta de protección, y creando por tanto nuevas ideologías en el campo político o en la tensión generada por la clase trabajadora y la patronal. Dado que este nuevo ciclo comienza antes que el ciclo anterior, ese nuevo orden mundial podría estar englobado dentro de un nuevo socialismo, más autómata e impersonal y basado más en la libertad colectiva antes que la libertad individual.

Este es el gráfico de influencia que marcará las novedades respecto al control político que se producirá ante los movimientos de izquierda:

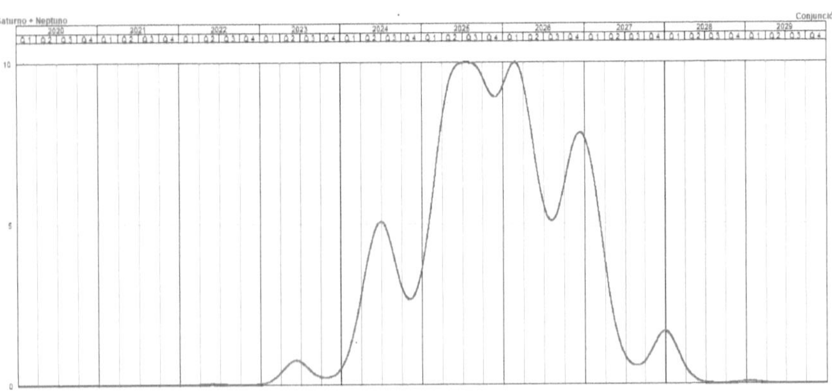

En el caso de España se producirá en el escenario de la casa VIII, el día **20 de febrero del 2026**, en el primer grado de Aries, influyendo en cierta forma en el ingreso del Sol en Aries que se producirá en la primavera. Sin embargo, **la configuración es algo tensa**, ya que la Luna en casa IX (el pueblo y la ley) está en cuadratura con Júpiter en casa XI (leyes y Parlamento), al que recibe en su domicilio. Por otro lado, Marte está en la cúspide del descendente, oponiéndose a la nación de España.

Esto podría referirse también a un vuelco político, con un nuevo cambio de Gobierno, que posiblemente habrá comenzado en torno al 2023 y 2024, tras el actual que ha comenzado en enero del 2020.

Nueva configuración de estructuras y cuotas de poder en el ámbito político

Esto se refiere al ciclo de Saturno y Plutón que acaba de empezar en enero de 2020, marcando una nueva forma de administración de los estados, con una profunda y sutil transformación en las cuotas de poder. Al ser un ciclo que acaba de empezar, es conveniente observarlo de forma independiente para cada país (según las coordenadas geográficas de la capital de cada país), con el fin de ver a qué escenario fundamental afecta el ciclo.

Los países que tendrán protagonismo en este ciclo y manden sobre otros, serán aquellos donde la conjunción haya caído en el escenario de su casa X, que es la casa del Gobierno del país. En otros casos, aquellos donde la conjunción caiga en la casa I, el escenario que les afectará será a la propia nación o país, y podremos ver otras zonas donde la conjunción, por ejemplo, haya caído en el escenario de la casa VII (como es el caso de España), donde el foco estará entonces en las coaliciones para formar gobierno dentro del país y en las coaliciones con otros países de forma independiente.

Y es que en el caso de España la conjunción ha caído en la casa VII, y por ello compararemos las dos últimas conjunciones para darnos cuenta de por dónde irán los cambios:

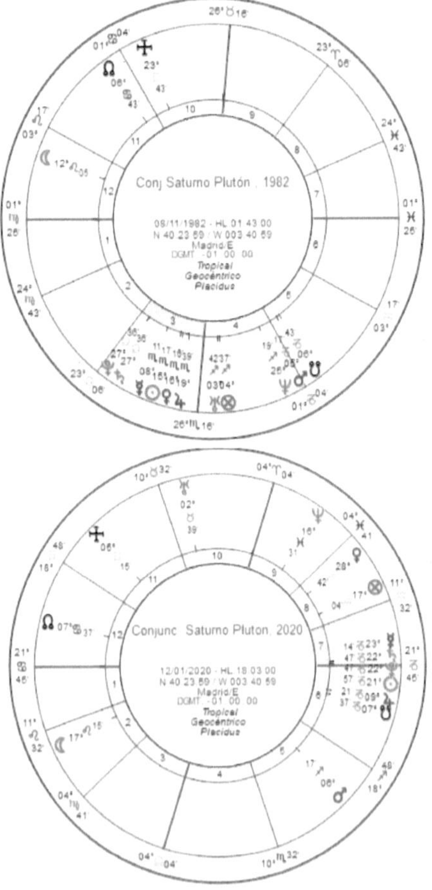

Tal y como ya dijimos, es un ciclo muy vinculado a la historia de España, por las siguientes razones:

Conjunción 8/11/1982: En las elecciones previas había ganado el PSOE con Felipe González, quien el 1 de diciembre de 1982 juró el cargo, formando sus ministros el 3 de diciembre de 1982. No había pasado ni un mes desde la conjunción, y las elecciones donde ganó por mayoría absoluta habían sido el 28 de octubre, bastante ajustadas al momento de la conjunción.

Conjunción 12/01/2020: En las elecciones previas había ganado el PSOE, pero sin capacidad para gobernar solo, por lo que se formó un gobierno de coalición con el partido Unidas Podemos y apoyo de otros partidos. Pedro Sánchez jura el cargo ante el rey el 8 de enero de 2020, y por parte de Unidas Podemos, Pablo Iglesias jura el cargo ante el rey el 13 de enero de 2020. En este caso, el ciclo está totalmente ajustado al momento. También observamos en esta tabla las incidencias por signo y por casa de cada conjunción:

Conjunción	Signo	Casa	Incidencias
Noviembre 1982	Libra	Casa III	Libra simboliza la política exterior. La casa III simboliza el comercio interior, los medios de comunicación y transporte y los países vecinos
Enero 2020	Capricornio	Casa VII	Capricornio simboliza la política interior. La casa VII simboliza la política exterior, los asociados, socios del país y enemigos declarados del país.

En la conjunción anterior, que comenzó con el Gobierno de Felipe González, tuvimos la inclusión de España en Europa (en junio de 1985 firmamos el tratado de adhesión), es decir, la unión con nuestros países vecinos en una nueva estructura de poder y el desarrollo de la moneda única, dado que España empezó a funcionar con el euro en enero de 2002, justo con la oposición entre estos dos planetas, es decir, en su momento de máximo desarrollo, a partir del cual el ciclo ya iba a morir o languidecer.

De la misma forma, analizamos este ciclo que acaba de empezar, donde la conjunción se produce en el signo de Capricornio, **referida a la política interior**, siendo esta parte la que sufrirá la mayor transformación y relevancia del ciclo (el Ministerio de Interior). Sin embargo, esta vez, en el caso de España nos cae en la casa VII, que a su vez se refiere igualmente a la **política exterior** (otros países), así como todos aquellos asociados, ya sean nuestros enemigos declarados o nuestros socios; en cualquier, caso competidores. La mejor expresión de esto último ha sido que se ha estrenado el ciclo con un gobierno de coalición entre partidos muy distintos, con el apoyo de otros grupos minoritarios, sobre todo independentistas, que precisamente no se sienten España o se consideran otro país.

Entiendo por ello que en esta primera etapa, **del año 2020 hasta el año 2036**, estaremos en el momento expansivo del ciclo, donde la política interior de nuestro país, así como la administración general del Estado (todo ello asunto de Capricornio) se formará a través de pactos de coalición, no solo dentro del país, sino con otros países del mundo, que no necesariamente tienen que estar cerca (casa III) o lejos (casa IX), sino que son "otros países en general" (casa VII); puede tratarse de acuerdos independientes con algunos de ellos. Veremos el punto máximo de expresión en el año 2036. A partir de ese momento, el ciclo ya empezará a languidecer y dejará de tener razón de ser. Es decir, se irán formando las distintas cuotas de poder mediante pactos entre gobernantes independientes, ya que observamos que la conjunción se produce muy cerca del Sol (gobernantes independientes) y con Mercurio (el pacto, el apretón de manos).

También hay que entender que España ya no solo es España, sino que pertenece a Europa (para ello sirvió el ciclo anterior), y por tanto deberemos estudiar Europa a la que estamos supeditados, conjugándolo con el escenario donde cae la conjunción en cuanto a la sede central de Europa, en Bruselas (Bélgica), donde vemos:

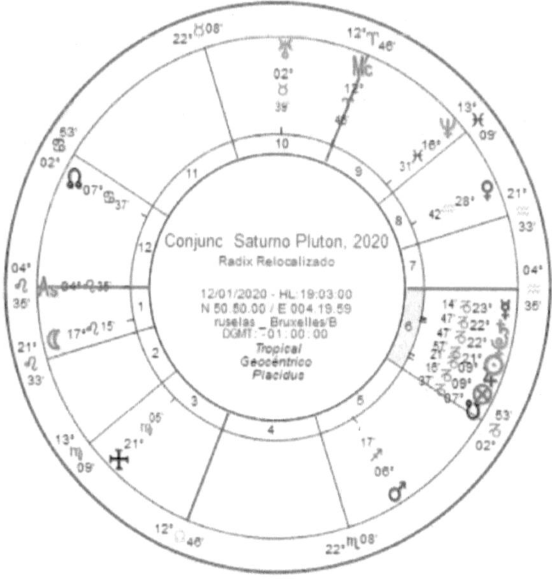

Observamos que en Bruselas la conjunción cae en la casa VI, que no es ya el escenario de la política exterior como en España, **sino el escenario de los empleados públicos de Europa, las enfermedades, la sanidad pública y las fuerzas de seguridad**. Por ello lo que sufrirá una profunda y sutil transformación será la Comisión y el Parlamento europeo, el Consejo y el Tribunal de Cuentas europeo, etc. Es decir, el funcionariado europeo, que trabaja para Europa como un conglomerado de países.

También afectaría al personal sanitario de toda Europa y su personal de seguridad y protección, por lo que habrá en estas áreas profundas transformaciones, afectando por tanto a la OMS y a todo lo relativo al servicio de protección civil de la Unión Europea ante atentados terroristas o amenazas externas de cualquier tipo. Se trata de algo bastante coherente con los sucesos que estamos viviendo, relativos a la amenaza de virus a la población europea, ya sean usados como armas biológicas o surgidos de forma natural. Los mayores logros que se consigan en estos asuntos los veremos en el 2036; a partir de esa fecha el ciclo ya empezará a languidecer.

No llegará otra conjunción hasta **febrero de 2054**, pero en este caso caerá en el escenario de Piscis y la casa I, tanto para España como para Europa (destinos similares), con el nodo sur muy cerca y con una cuadratura a la Luna (el pueblo). **Puede empezar entonces un ciclo ciertamente complicado**, donde se tratará de la identidad del país (España) o de la Unión Europea, dado que Piscis es un signo de disolución, entre otras cosas, o de confusión y caos, así como de pérdida de personalidad propia o de fusión con otras identidades.

Igual llegamos al 2054 con cambios de denominaciones o en la propia definición de España y de Europa. Las cuotas de poder, en otro orden de cosas, quedarían disueltas o controladas por otro tipo de organizaciones parecidas a lo que se hace en las grandes multinacionales con la aparición de los *trust*, es decir, donde no se sabe bien quién es el propietario final de un conglomerado de empresas.

Etapas de crecimiento económico tras la crisis sanitaria y económica actual

Estamos en una crisis económica producida por la crisis sanitaria, que sirve de punto de partida para crear las condiciones idóneas para la nueva revolución digital que marcará la nueva forma de hacer los negocios, basada en el conocimiento y en los procesos de información. Por ello, para saber cuándo comienza el ciclo expansivo a efectos económicos, nos tendremos que ir al nuevo ciclo planetario entre Urano y Júpiter, que podemos ver en este gráfico y que es coherente con ciclos anteriores de más larga duración:

Observamos que habrá un cierto acercamiento entre estos planetas en el **tercer trimestre del 2023**, siendo su conjunción exacta al principio del **segundo trimestre del 2024**, por lo que a partir de ese momento comenzará de nuevo un ciclo expansivo de crecimiento en el mundo, que tendrá relevancia en un escenario o en otro en función del país de estudio.

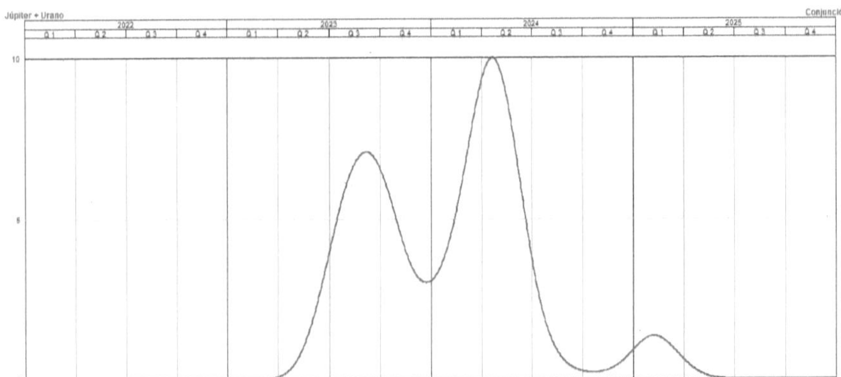

Así, en el caso de España, nos sale esta carta para el **21 de abril de 2024:**

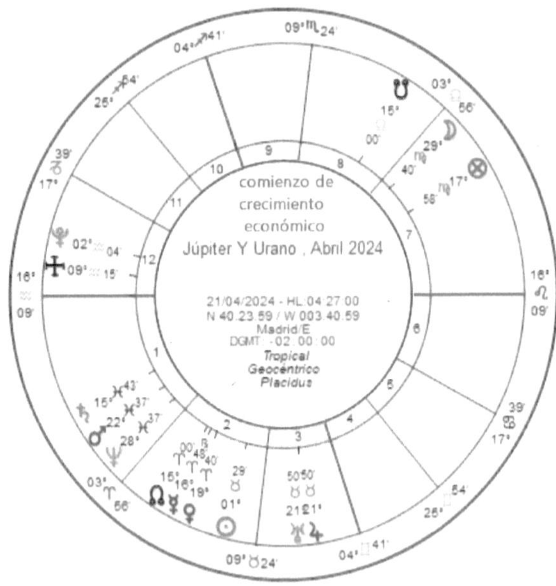

Vemos que la conjunción cae en el escenario de la casa III, a casi 22° de Tauro, sin dar malos aspectos a otras posiciones planetarias y con un sextil que recibe de Saturno en Piscis (de forma que Júpiter lo recibe por domicilio), quien un tiempo antes había recibido la visita de

Marte (quien sí se exilia en Tauro). Pero en general, no es mala carta. Indica desarrollo y crecimiento económico **en todo lo que tiene que ver con el comercio interior, dentro del país**, producto autóctono del país, así como **desarrollo en asuntos de medios de transportes y nuevas carreteras**. E igualmente **en prensa, medios de comunicación y el propio nivel intelectual del país, que crecerá considerablemente a partir de esa fecha.**

El ciclo es coherente con la presencia de Urano en Tauro, y nos podría traer el desarrollo de:

— Seguros cibernéticos.
— Recursos hídricos.
— Tecnología en el tratamiento del agua (el 80 % del agua de un país se lo lleva la agricultura) y en la agricultura.
— Cultivos tecnológicos.
— Tecnología agraria.
— Dinero virtual.
— Pagos automáticos con el móvil. Todo a un clic.
— Tecnología en las construcciones públicas (*Big Data*, impresión 3d, economía digital, realidad virtual, internet de las cosas, etc. Todo eso se aplicará en las construcciones).

El ciclo también coincide con unas posibles nuevas elecciones en el país, que según nuestras leyes se dan cada cuatro años, aunque las mismas podrían producirse a partir del segundo semestre del año 2023 y el primer semestre del 2024.

Para ver qué partido político o qué coalición de partidos podría ganar esta vez, tendríamos que acercarnos más a esta fecha y observar los candidatos del momento con la técnica que he desarrollado al final del anterior capítulo del libro. El gobierno que se forme en esos momentos tendrá la posibilidad de funcionar mejor en años sucesivos, debido a que coincidirá con un ciclo expansivo de crecimiento, siendo una oportunidad para él, teniendo el cielo más a su favor.

Etapas de paz y/o ausencia de paz a corto plazo

Aquí hablamos de Júpiter y Neptuno, cuyo ciclo comenzó a principios del 2010 y tuvo su última cuadratura menguante (degradación del ciclo) a principios del 2019 y tercer trimestre del 2019, influyendo de forma tensa en el año de las elecciones españolas de abril y noviembre de 2019. Respecto al nuevo ciclo por venir, nos sale este gráfico:

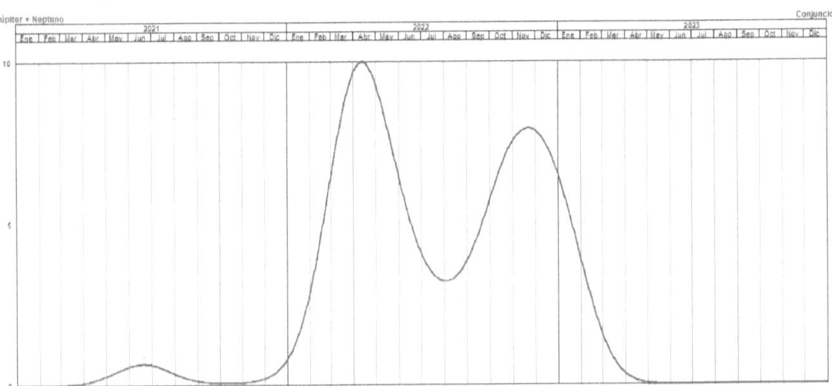

Vemos que se producirá la conjunción de nuevo en el 2022, concretamente en el mes de abril, con esta carta para Madrid, capital de España.

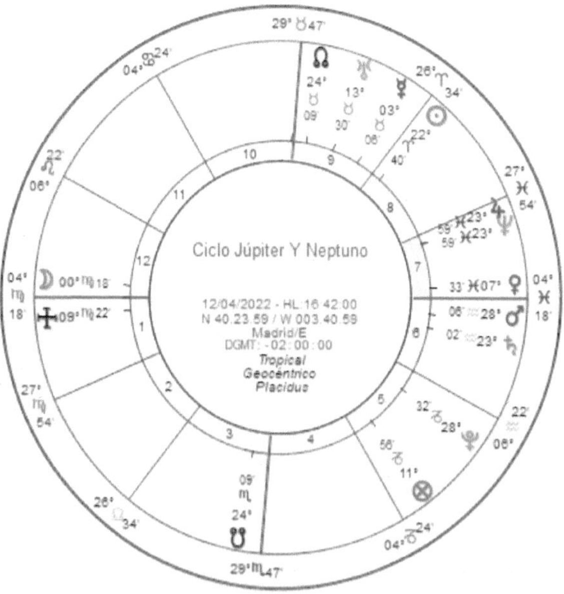

Podemos ver que se trata de una carta favorable, porque la conjunción no recibe malos aspectos —fuertes— de otros planetas. Observamos que cae en Piscis (donde Júpiter se encuentra en su domicilio), y en el caso español, en el escenario de la casa VII, por lo que se entiende que puede haber acuerdos amistosos y favorables entre distintos actores del panorama español; da buenos aspectos a los nodos, por lo que no se ve interrupción en esos acuerdos. Al no tener la conjunción ningún tipo de tensión, esto sugiere que el ciclo que comenzará en esa fecha (abril de 2022) será tranquilo durante sus siguientes catorce años sin grandes sobresaltos, y tendremos un ciclo algo pacífico en este sentido. Dará por tanto un respiro a lo que nos haya traído la tensión de Marte con Urano, que habría comenzado el 20 de enero de 2021, con efectos en julio de 2021, noviembre de 2021 y marzo de 2022.

El comienzo de tensiones de mediados de noviembre de 2020 como probable inicio de los momentos que se vivirán en enero de 2021

Aquí nos detendremos en la conjunción de Júpiter y Plutón, que ya se produjo en abril de 2020, pero que ha iniciado su marcha retrógrada y se ha vuelto a unir en el mes de julio de 2020, siendo exacta de nuevo y ya última para el mes de noviembre de 2020, según esta secuencia:

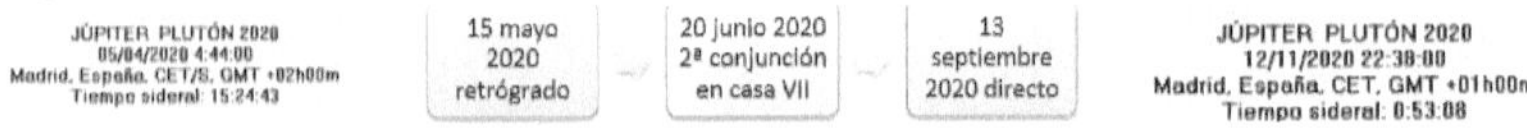

Y es que esto tiene que ver con el efecto expansivo del virus. Entre otras cosas, la mortandad, así como leyes vinculadas a estos temas, como por ejemplo la eutanasia, y leyes vinculadas a la economía como consecuencia de la crisis sanitaria que estamos viviendo. Pero lo que pasa es que tendremos de nuevo una última conjunción en el mes de noviembre bastante tensa entre estos planetas, con esta configuración:

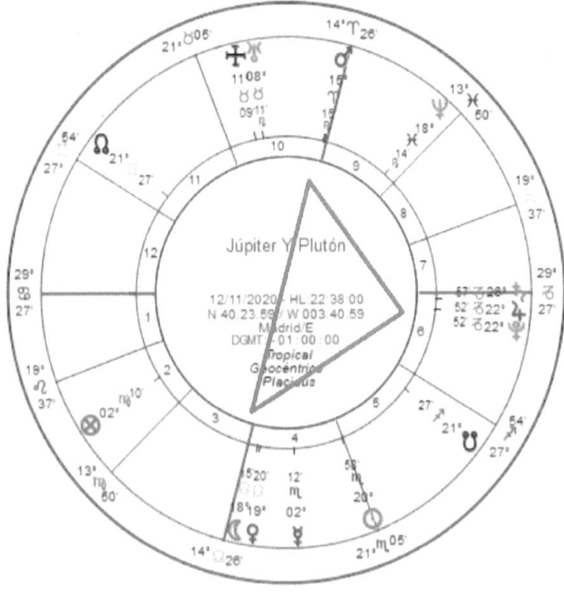

Como se puede ver, he dibujado la oposición entre Marte domiciliado en Aries, y la conjunción de Luna con Venus en Libra, recibiendo toda la cuadratura de esa fuerte conjunción de Júpiter y Plutón al final de la casa VI; podemos observar también que Saturno cae en la cúspide de la casa VII. En realidad solo tenemos esta configuración, y ya vimos en el gráfico de índice cíclico que estamos en valores de 30 astrodinas, pero terminaremos diciembre de 2020 en casi las 45 astrodinas, para llegar en el mes de enero a valores de 50 astrodinas.

Es difícil ver qué nos quiere decir esta carta, porque hay fuertes recepciones, ya que Marte —que en esta carta representa al Gobierno— por un lado, y la casa V por otro, recibe a la fuerte conjunción en el signo de su exaltación. El Gobierno "se exalta" en la misma, quizás a través de sucesos vinculados a la casa V. Podría tener que ver también con noticias que nos lleguen sobre las elecciones en los Estados Unidos, o por sucesos vinculados a asuntos recreativos, lo que puede afectar de forma negativa al pueblo (Luna) y a las mujeres (Venus), situados en la casa IV (edificios, monumentos públicos, etc., así como al escenario de la oposición al Gobierno), que se exilian a su vez donde la conjunción.

Conclusión

Espero que el lector se haya hecho una idea general de las distintas técnicas existentes en Astrología Mundial. Se han obviado algunas técnicas, como por ejemplo los encuadramientos, las sicigias, etc., para no hacerlo más complejo. Quedan muchos temas por tratar, como ramas diferentes de la Astrología Mundial, pero que también aportan información sobre el devenir del mundo o de una comunidad, incluso a corto plazo, como es el caso de la astrología horaria. Estas son:

- Astrometeorología: la predicción del tiempo.
- Astrología financiera y bursátil.
- Astrología empresarial. Temas de sociedades.
- Topografía astrológica.
- Astrología horaria.

Bibliografía

— Georges Antares, *Manual práctico de astrología*, Ediciones Obelisco.
— Juan Estadella, *Astrología Mundial. Introducción a la astrología mundana*, Ediciones Índigo.
— Pepa Sanchís Llácer, *Astrología Mundial*, Ediciones Kier.
— Tito Maciá, *Astromundial, astrología social, los ciclos clásicos*.
— Tito Maciá, *Astromundial, astrología social, índice cíclico y ciclos nuevos*.
— Tito Maciá, *Las puertas del año*.